小路通远方

XIAOLU TONG YUANFANG | 葛翠琳 人生历程剪影

葛翠琳 [著]

浙江出版联合集团
浙江少年儿童出版社·杭州

心语（代前言）

文学创作，写什么？怎样写？作品在读者心中留下什么？这是我不断实践反复思考的问题。每写一个作品，都像面对一份考卷，我希望自己能写得更好些。

八十八年的人生旅程，举首回望，心中充满了欣慰和感恩，虽然历经坎坷，但我从来不曾伤害别人。不论成绩多少，我都已经尽心尽力了。我受惠于别人的太多，而欠债不少。我是幸运的，因为我是历次苦难中的幸存者。

祖母只是一名农村妇女，没有上过学，她一生只想着给予：给亲人，给邻居友人，给遇到难处的陌生人……弱者都能得到她力所能及的帮助。她从不为自己索取任何东西。

祖母离开我六十多年了，但她那慈祥的笑容和坚毅的神态永远刻印在我心灵的深处。无论我走多远，身处何方，她总是守护着我，引领我向前。

我的每一篇作品，都是我在人生旅程中采摘的果实，聚集起来，装进筐篮里，作为一份心灵的献礼，呈给相识不相识的朋友，在你们迈向未来的路上，我与你们同行。

苗翠琳

2010 年于绿园

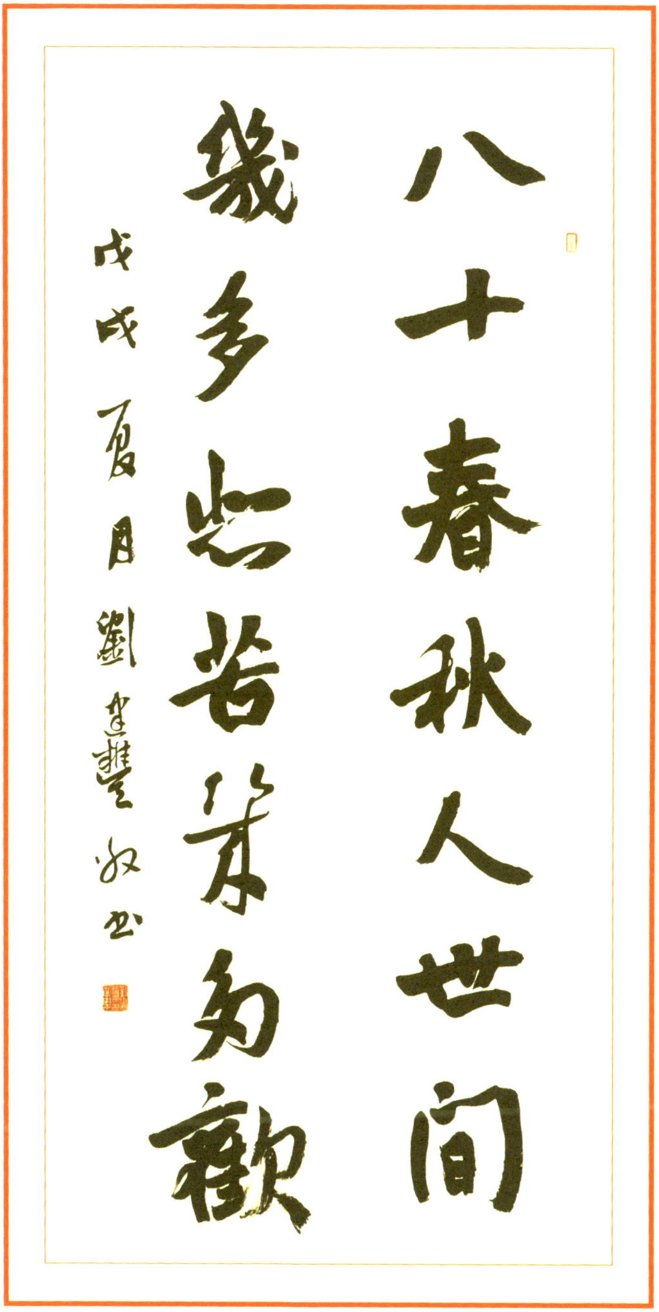

八十春秋人世间
几多坎坷等闲歇

戊戌夏月刘建丰叔书

我当女作家中有象单林同志这样的童话作者
而高兴，她的作品永远是鼓励儿童前进向上。她在
"神娘和日娘"里珍重地对儿童说："你是我们
的未来，去充份创造幸福吧，让所有辛勤劳动
的人民都生活得快乐。"

冰心

韩素音致葛翠琳的

最亲爱的朋友：

得知召开葛翠琳创作研讨会这一好消息，你的创作获得大家的好评，你写的许多优美图书广泛地介绍给公众，并受到广大读者的热烈欢迎，我表示真挚的祝贺。

我喜欢阅读你的儿童文学作品。特别是那本《会唱歌的画像》，强烈地吸引并感动了我。我发现这部作品是那样富有想象力，它让我很激动，让我感到自己又变成了孩子。

翠琳，你有卓越的天赋，你有一颗纯净的心，你的思维清晰、思路广阔、充满生动的想象。你很有才华，在描写平凡的事物中，却能使人们阅读时有很深刻的领悟，进入高尚的精神境界。是的，你的作品表现出在单纯平凡中蕴含着美，令人感受到一种善良亲切的感情，最重要的是：思想深刻，引人深思。

我希望，我的这封信能对你有用，这是我对你本人和你突出的创作成果的题赠。

致深挚的友情。

韩素音

于瑞士洛桑

1995年1月30日

目录
CONTENTS

时光留痕——各时期纪念性存影 ▪ 1

故乡·亲人·生命摇篮 ▪ 21

母校·恩师·难忘岁月 ▪ 85

文学·前辈·人生路标 ▪ 115

孩子·爱心·幻梦成真 ▪ 217

天涯·海角·友情难忘 ▪ 267

昨天·明天 ▪ 365

故人手迹 ▪ 379

附录 ▪ 395

时光留痕
——各时期纪念性存影

▲ 1949年脱下学生装换上列宁服

◀ 1949年参加青年文工团,在怀仁堂为首届中国人民政治协商会议演出。会后拍摄

▶ 1950年在北京市文联办公室,任老舍秘书。摄于北京市文联旧址霞公府

▲ 1956年出版第一本童话集《野葡萄》

▲ 50年代和儿子相依为命。1957年被划为右派，丢下幼子去农村劳动改造

▲ 1958年下放农村劳动照片

▲ 1982年去湖南儿童文学讲习班讲课。会中游洞庭湖

▲ 1982年随康克清访问日本。摄于京都

▲ 1985年随中国作家代表团访问泰国,进行文化交流

▲ 1990年主持首届冰心奖颁奖会

▲ 1990年迁移入新居留影

▲ 90年代与雷洁琼在冰心奖颁奖会上

▲ 1990年创办"冰心奖"时,与韩素音、冰心老人在冰心卧室中合影

▲ 1994年冰心奖颁奖会（钓鱼台芳菲苑）

▲ 2005年除夕与孙儿合影

▲ 2013年灯节与小孙子欢聚

采撷录

——八十余年旅程回望

小时候，天天盼着快点儿长大，坐车、坐船、骑马，去很多很多地方……

如今，我已年过八十，爬过了泰山、黄山、庐山、峨眉山……也看过了富士山、阿尔卑斯山……狂风巨浪中，乘船到了大海边的"天涯海角"石碑下，还登上了西沙、南沙的礁石，寻觅过美丽的贝壳珊瑚丛，欣赏过大海龟在沙滩爬行，也到过日本、泰国的海边观赏游玩。

我曾骑马骑骆驼在内蒙古大草原上奔跑，造访马背上的流动小学，也在海边的小渔村学过补网，捞海菜，晒鱼虾，还曾去深山老林里采药，探寻稀有树木和植物……这些经历给我留下了不少生动的记忆。

然而，我最难舍难忘的还是故乡——渤海边一个偏僻的小村庄。

常有人问："你是北京人吗？"

我总是回答："我不是北京人，只不过在北京居住多年罢了。"

这是我内心深处的真实感受。

我出生在农村，童年是在家乡度过的。

在我蹒跚学步时，奶奶就牵着我的小手呼唤："往前走！别怕。"

从我学会走路，奶奶就给我一个用柳条编成的小篮子，让我跟随着干活儿的大人外出，自己学着采摘野果野菜，寻拾漏失在田野里的残粮。小小的筐篮有弯弯的提梁，挂在细小的胳臂上跑来跑去，里面装进收割完毕丢在地里的豆粒、花生、红薯、麦穗儿、谷穗儿，或者田里疏苗拔下来的萝卜苗，长在田边土岗上的野苋菜、马勺菜……回家后总会得到奶奶的夸奖和疼爱。那小筐篮仿佛一个宝盒，里面总是装满了喜悦和欢乐。奶奶一面收检我的收获品，还讲一些叮嘱的话让我记住。例如：

"力气好比那井泉水，使不尽来用不完，人不要怕吃苦受累。"

"采摘野果野菜，捡拾柴草弃粮，能锻炼人的细心和耐心。人一辈子都在寻觅和采摘，收获的大小，就看你用心用力的多少。"

我喜欢在田野里无拘无束地奔跑嬉戏，寻宝拾遗，和小伙伴比赛心灵手巧。

那是平淡而又温馨的日子。

春天采摘嫩绿的榆钱儿生吃或者蒸糕，掰下香椿芽儿来拌豆腐供全家共享。看燕子筑巢屋檐儿下，听喜鹊喳喳叫枝头。

夏天吃桑葚儿，染成一个小花脸儿，躺在麦秸儿垛上数星星，听蛐蛐儿叫蛙群鸣。

秋天吃熟透了的红姑娘儿、枸杞子、野酸枣儿、山核桃，搂树叶儿、割野草，望大雁南飞，看荷塘出藕，粮入仓，菜入窖，家家户户洋溢着秋收的欢乐。

冬天吃爆米花、烤红薯、冻柿子，北风呼啸，大雪封路，世界一片白，小小村庄一片宁静，古老的纺车吱扭扭飞转，抽出又细又匀的棉线线。

除夕夜祭祖，春节拜年，吃饺子，放鞭炮，贴春联，蒸年糕。

正月十五吃元宵，看花灯，踩高跷，舞龙舞狮耍大刀。

追着男孩们看抖空竹，滚铁环，放风筝，踢毽子。小姐妹们玩骨头子儿，争夺小小的羊膝盖骨，当成宝贝收藏。

端午节门上插艾蒿，女孩儿用丝线缠成彩色的小粽子、小葫芦、小笸子，带在身上美滋滋，又显摆又自豪。

中秋节供兔儿爷，吃月饼，高粱秆儿做成车、马、轿和船，烂泥巴摔打摔打捏成碾子和磨盘。

大自然给予一无所有的孩子们很多乐趣和智慧。广阔的田野，茂密的树林，日夜流淌的小河，一年又一年，滋润着幼小的心灵。

从学习讲话开始，就听祖母摇着纺车讲述动人的传说：

狐仙狼外婆的故事，喜鹊布谷鸟的传说。

人参何首乌的故事，花仙槐树精的传说。

花木兰从军昭君出塞，杨门女将十二寡妇征西。

牛郎织女七月七银河相会，梁祝化蝶孟姜女哭倒长城……

墙上的年画，瓷瓶上的人物，门神灶王爷的彩像，花样繁多的剪纸窗花，皮影的唱腔，民谣小曲儿……儿时诸多的生活情景、游戏、民俗、方言、谚语，仿佛都成了我生命中的一部分。

直到抗日战争爆发，国土沦丧，中国人任由日本兵残害，侵略者烧杀抢掠，毁灭了一切幸福和宁静，小小年纪内心烙下刻骨铭心的伤痕，才深切感受到民族的苦难和祖国的存亡是比个人生命更重要的事。早早地认识到没有了国就没有了家没有了个人。

上中学时,我随父母定居在北京,那时还称为"北平"。求学的艰难,磨砺了我的性格:认准目标,付出最多的努力和最大的耐心,期待成功但不怕失败。

当我以农村孩子的学习基础考取北京几个名牌中学时,并没有感到惊奇。我在学习条件优越的中学里完成学业,并不认为自己是"城里人"。当我由中学推荐被燕京大学录取后,面对学识渊博的教授导师,以及满口流利英语的同学们,在那布告和通知全都使用英文的学习生活环境中,内心仍然感觉自己只是一个农村孩子。在众多家境富贵、衣物讲究的同学中间,我从未羡慕过别人的衣饰打扮,我最珍爱的还是棉布衣衫、布鞋棉线袜。奶奶一辈子只穿自己纺线自己织成粗布自己缝制的衣裤,这成为她一生从未改变过的习惯。而这传统溶在我的血液里,积淀在我的骨髓中,形成我的风骨性格和欣赏趣味。

燕京大学的环境是优美的,湖光塔影,古树粉荷,藏书丰富的图书馆,建筑讲究的教学楼,设备齐全的实验室,条件优越的宿舍,然而众多的学子,为了民族的未来,为了新中国的诞生,投入轰轰烈烈的学生运动,不怕抛头颅洒热血。我在这支队伍里接受革命的教育,当解放全中国需要青年奉献自己的时刻,大多数同学抛下优越的学习环境随解放大军南下,去生死难料的战场拼杀。我就是在那时毫无眷恋地脱下学生装换上了列宁服,分配到中共北京市委文委会,成为一名革命干部的。

一个新的时代开始了。

从此,个人的命运,家庭的聚散,事业的挫折和发展,人生的酸甜苦辣,都在时代的巨轮飞转中起伏翻滚。

我不幸被抛置在文化界,经历了波澜汹涌的狂风巨浪,暴雨山洪,六十年过去了，雨雪风霜、荆棘泥泞，漫漫长路上抬脚容易落脚难……但我又是幸运的，那么多文学艺术前辈和长者为我指过路标，具体地教导我，鼓励我，冰心、老舍、吴作人、萧淑芳、叶君健、端木蕻良、萧军……他们一生远离虚荣、漠视名利，默默地贡献，一年又一年，没有书房画室，挤在卧室里放张小桌儿，写出译出画出令世人惊叹的作品，直到生命的尽头，还有那么多遗愿没有完成。

吴作人老人曾拿着冰心奖参评书给我详细讲解："画面中的兔子形象是学美国的……创作中要有自己的构思、自己的表现手法，借鉴有益但不要模仿……"

叶君健老人为译《安徒生全集》，多年查阅资料考证细节，连一件器皿、一个地名都不惜花精力在丹麦查访核对过。

冰心为译《世界史纲》，翻阅的参考书可以装满一套房子……

那一辈的文化巨人，从没为自己争过什么，他们无怨无悔，将一生心血凝结成文化遗产留给了后人。

在我那记忆的筐篮里，储存了很多只属于我的精神珍宝。

有充满生命力的叶片，有坚实饱满的果核，有失去娇色依旧形态优美的花瓣儿，有干硬结实的根须……一件件深情温馨的往事，像散落的珍珠闪耀在印象里，不知不觉地变成我的血液，融化渗透散落在我的作品中。我所写的语言文字、故事人物、生活背景，都藏有我自身的影子，以及我一生尊崇的品格、我执着追求的理想和愿望。

故乡·亲人·生命摇篮

▲ 河北省乐亭县葛庄村故宅庭院。
人去屋空，荒草萋萋

梦中，我总是找不到自己的家。很凄惶，很失望，不知道自己的家究竟在哪儿……

我从来没梦到过现在住的地方。

家，不是房子，不是家具，也不是衣物等等；家，是亲人舍不得离开它的地方。无论房子大小，简陋与精致，都不重要。家是充满了亲情的地方，让人心里总是眷念它。

家训

  我的故乡葛庄是大村。葛姓家族中的长辈葛毓芝,字养田,自幼好学,敏捷多才,光绪十一年乡试中举,光绪二十一年中进士,殿试二甲,授翰林院庶吉士。他为官廉洁,不讨权贵,衣食简朴,颇受人们称赞。他曾查办福建广东二省的制钱案,抵制了贪主八千两炉银的贿赂,将此银充作急赈于灾民款。葛毓芝敦厚家风,急公好义,晚年在乡亲们的支持下,在自家办"尊经学社"教书育人,为了解放妇女,又兴办了女校。其侄子葛注东京师大毕业后,授职肇东道尹,葛毓芝告诉侄儿当时政治黑暗,不要落个贪官污吏的骂名,侄儿听其劝导,竟没去赴任。

  1930年,王执中兴办进修中学,聘请葛翰林为校董,其子,京师大学毕业的葛东侨任校长,使办学成绩斐然,为乐亭县培养出一大批人才。葛毓芝在他的书房贴一副对联,作为座右铭:

义理无穷,活到老学到老;
光阴有限,过一年少一年。

  勉励自己及后人抓紧时间学习,不要虚度年华。在"尊经学社"教室门外贴有一联:"学如逆水行舟不进则退;心如平原走马易放难收。"告诫学生专心致志学习,天天都应有进步。

父亲的家训

我家从曾祖辈传下来，一代又一代都是教书匠。祖父教过十八年家馆，回家再教私塾，后来双目失明，丧失生活能力。父亲本是师范毕业，但他只教了几年小学，考虑到照顾老人抚育众多的子女，教师的清贫收入不够家中的开支，何况我的姨母、婶母们都是寡妇，她们的孤儿多寄居在我母亲身边，吃住上学都由父亲供养。父亲选择了学商，先从管账当会计做起，渐渐受到东家信任，后来做到领工薪的经理，从此完全迈入商界。父亲很尽职，工作到夜深必亲自检查水、火、门、账目……事事操心。黎明即起，在所有人上班以前，他早就安排好了一切，等待大家开始工作。长年的劳累，父亲咳嗽不止，有时还咯血，母亲很是担心，因为几个叔叔都是咯血早亡的，人称肺痨。但父亲不敢休息，唯恐工作中出差错，难以向股东交代。父亲的伙食很简单，一碗小米粥，一碟咸菜，一个豆包或者馒头，炒豆芽、炖豆腐之类的菜，长年如此，很少改变，逢年过节才吃些鱼肉，一直保持家中的清苦传统。

父亲最大的心愿是希望有个子女能继承祖辈的传统，一生都教书，最后能成为教授。祖母的侄子孟昭英在美国留学，回国后在清华大学执教，每次父亲

▲ 父亲青年时代

去看望这位表弟，回来总是满怀感慨地嘱咐子女："你们要学表叔。"父亲的好友供儿子去德国留学，回国后在天津大学任教授，也使父亲羡慕不已。父亲总说："我真不该去经商，浪费了大好年华。孩子们能继承祖父的遗愿才好。"

哥哥曾考取六个名牌大学，最后选定入清华，我因成绩优秀，被推荐进入燕京大学，父亲非常高兴，满心希望我们能学有所成，继承祖辈的愿望。可哥哥参加中共地下党去了解放区，我参加中共地下党的青年组织"民先"，从学校调出来到宣传部门工作，都没有留在教育岗位上，父亲的愿望落空了，深感遗憾。

"我一生最大的失误，是弃教从商。虽是生活所迫，也是心志不坚。虽然生活条件曾优于教书，但心灵感受截然不同。能把精力全部投入到知识的运用里，是最佳的人生境界。即使知识在完全没用的情况下，也还是在深深影响着人的气质、本性，你曾祖父和祖父曾反复教育儿孙，'人'字，要用一生的行动来写它，写好了并不容易。"这些话深深印在我心中。

▲ 大哥照片

童年的记忆

  小时候,我最喜欢听背诵古文,那抑扬顿挫的音调,慷慨激昂的情绪,震人心弦感人肺腑,唤起一种崇高的情感,久久回荡在心灵里,这是我童年时代最美好的享受。

  每天晚上,奶奶收拾完饭桌,就把火盆放在炕中央,一家人围坐在火盆边,几枚红枣在火盆里依火炭烤着,屋子里弥漫着枣香。

  奶奶把松软的棉花撕成一团团,然后卷成一个个细长的棉卷,准备第二天用来纺成细棉线。哥哥坐在爷爷身边剥花生仁,留到春节做花生糖。爷爷讲三国的故事,讲诸葛亮神机妙算,我们听得入神,每次讲到最精彩处,爷爷就会说:"诸葛亮的故事今天就讲到这儿。现在,我给你们背诵诸葛亮写的《前出师表》。"

  爷爷神情庄严,语调或高昂或深沉,字字句句充满激情,随着文中的情绪变化,爷爷摇动着头颈,有时还忍不住加上手势,虽然我还不懂全文的内容,却感受到一种气势磅礴、胸怀坦荡、坚不可摧的意志。

  只有古文才有那么鲜明强烈的节奏感,像战鼓般催人奋进,发人深省,那如诗词般的长短句,前后对应,四声变化,富有强烈的音乐感。

  灯光摇曳,寒风扑窗,古人的智慧和忧国爱民的感情注入我们心中,哥哥常常停下手中的活儿,睁大眼睛出神,我听得满眼泪水,端坐着一动不动,唯恐忽略一个字。

爷爷背诵完古文，屋中一片寂静，大家还都沉浸在感人的激情中。过一会儿，爷爷才教哥哥背诵全文，一句句地教，哥哥背诵一句，爷爷讲解一句，不但讲解字意、句式，特别讲文如其人，读其文，如闻其声，如面对其人。爷爷讲文章是面镜子，人品必映照其中，无论怎样涂脂掩饰，也不能掩盖其真情实态。学作文，先学做人。读古文，不仅是熟悉文体，更重要的是感受文中的真情，吸纳那种顶天立地的气势。哥哥一句句地背诵，我跟着学，却不敢出声，只在心中默读。我很羡慕哥哥，能够高声朗诵，爷爷一字一字地纠正他，连声调都要求准确无误。我若读出声来，即使声音很小，奶奶也会制止我，用眼神或者用手势，决不许我干扰哥哥全神贯注地学习。

哥哥的背诵声音洪亮，感情真挚，全家人静听这朗朗的读书声，感到无比幸福。奶奶那艰辛的皱纹，姑姑那忧伤的面孔，娘那多愁的眼睛，都给一种欣慰自豪的情绪笼罩了。

在以后漫长的人生旅程中，书成了我的伴侣，当我徜徉在书的世界里默读沉思时，仿佛爷爷在远远地注视着我，满脸慈祥的笑容。

即使在那消灭文化、焚烧图书的年月里，没书可读没报可看的生活中，我内心深处有爷爷留给我的"图书馆"。童年时代背诵的文章和诗词，会悄悄地映现出来，变得明确而清晰，使我那贫乏、孤独、恐怖的精神世界里，闪现出无形的温馨花朵和富有生命力的绿叶，伴我度过那段悲惨的岁月，这都是爷爷的赐福。

童年背诵的书，一生铭刻在心中，任风吹雨淋，不会销蚀。

▲ 1999年9月3日摄于故宅庭院

▲ 六十年后回故乡老宅（姐弟三人）

▲ 重回故园

▲ 在李大钊故居。向李大钊家乡小学捐款赠书

做自立的女人

▲ 长篇小说《蓝翅鸟》封面

▲ 《蓝翅鸟》插图《奶奶》画像 高燕画

告别祖母 告别故乡

秋风瑟瑟，庄稼收割完了。田野显得广阔、宁静，新的篱笆墙把小小的村庄打扮得又庄严又漂亮，金色的树叶像纷飞的蝴蝶，轻轻地飘落在地上，孩子们成群地背着筐，拉着耙子，搂树叶，耙干草，储备过冬的烧柴了。

苦姑娘儿告别爷爷、奶奶、姑姑，前往遥远的省城。她望着村里高大的白杨树，树顶上托着老鸹窝，一群老鸹在空中盘旋。她望着每年结满红甜杏的大杏树，望着家家尝到香椿芽的香椿树，望着帮助穷人度过灾荒的榆钱树，望着果实可以染出绿布的老槐树，望着枝条可以做响笛的大柳树……它们都摇动着树梢，把金色的叶子抛撒在苦姑娘儿的头上、身上，仿佛亲切地呼唤着：别忘了故乡！别忘了故乡！

迎着冷风，小伙伴儿们从四面八方跑过来，把珍贵的礼物送给苦姑娘儿。宝根儿手里攥着喜鹊蛋，黛子拿着丝线缠的彩粽子香草葫芦，小秃儿采来好多熟透的锦灯笼，用线穿成一圈，像红宝石项链，挂在苦姑娘儿的脖子上。大家叫着："这是从老坟地里采来的红姑娘儿！"

苦姑娘儿的眼泪要流出来了。

踩着金色的落叶，苦姑娘儿离开了亲爱的故乡。奶奶的白发在风中飘动，她静静地站立在村口，像一座威严的石像。小伙伴儿们清脆的声音，在田野上回荡："红姑娘儿！甜姑娘儿！你可要记着回来呀……"一条小路曲曲弯弯，延伸到遥远的前方，奶奶的影子渐渐淡了、淡了，模糊成一片，后来完全消失了，小伙伴们的呼唤声也听不见了，田野一片寂静。苦姑娘儿最后一次回头望望家乡小村庄的影子，一缕缕炊烟，从屋顶飞出来，飘散在空中，消失在蓝天里。她抹掉脸上的泪水，转过头来，脚不停步地向远方走去。从这里，她走向

▲《蓝翅鸟》插图

了纷扰熙攘的城市,走向了她还毫无所知的社会,走向了她还不理解的严峻的人生……

告别了,故乡!告别了,童年!从此以后,漫长的半个世纪里,这淳朴的家乡的影子,只留在她的记忆里,出现在她的梦中。

▲《蓝翅鸟》插图

▲ 初中毕业照

我的故乡是农村，但我很幸运，出生在一个知识分子家庭，人称书香门第。

葛家是一个很大的家族，各支住满前后两三个村庄。先辈曾出过翰林，曾祖父葛国良号文翰，有"贤良方正"的头衔，祖父葛寅东号敬堂，是最后一代秀才，属牛，生日是五月二十九日。葛家祖祖辈辈以教书为生。曾祖父一辈堂兄弟八个人，只有我的曾祖父有两个儿子，我的祖父一儿一女，二爷爷只有一个孙子。

前葛庄葛文翰兴学

王占连（乐亭二中离休老教师）

乐亭城西葛庄，分前葛庄和后葛庄，以烧锅为界，南半部为前葛庄，北半部为后葛庄。

一百七十多年前，前葛庄有位私塾老先生叫葛夺锦，字会亨，很有文才，为培养村中子弟，在自家院内招收适龄儿童，教授《三字经》《百家姓》、算术等课程，教儿童识字、写字，大龄的学尺牍，会写信，实行学以致用，乡亲们很满意。葛会亨遵承传统，讲求孝敬父母、友爱兄弟，他姐生活困难，他就将姐姐接到家中住了几十年。

葛夺锦生有二子，长子葛文翰，次子葛仲翰，都跟他读书成才。后来兄弟办了个学堂，招收儿童读书识字，人称"南学"。

葛文翰是县学的秀才，经过考试成为拔贡，人称文老先生，为"孝廉方正"。他道德高尚，学识渊博，是德隆望重之人。他生有二子，即葛尹东、葛渐东。葛渐东字讫远，主持南学。人称"二先生"。

葛文翰创办学校，旨在启发民智。而北半部还有翰林葛养泉创办的"尊经学社"，开发《诗经》《论语》两科，学制两年，为社会培养高级人才。这样一南一北两家，努力兴学，使葛庄文风更为兴盛。

葛讫远长兄葛尹东，字敬堂，是开明人士。其子葛垂绅，字笏臣，滦师毕业后从商，在邻村肖圈人宋秀锋开设的商号祥顺和任经理，在乐亭商界很有名，不久被选为乐亭商会会长。葛笏臣思想开明，同情抗日。1938年七、八月间，抗日联军三攻乐亭城，他曾为抗联战士购鞋万双，派人送往抗联指挥部育英学校，支援抗日。他见进修中学办学经费困难，难以维持教务，为支援学校，他

与北街绅商魏佩芝一同去天津、北京，从那里开商店的乐亭籍人士处募集款项达数万元，使进修中学得以继续办下去。后由于时局动荡，葛笏臣将家属迁到北京居住，他在天津开办公司。

葛笏臣有二男三女，长子葛勤林积极参加革命，曾在北京市委工作。次子葛墨林，中国科学院院士，兰州大学理论物理系毕业后，任天津南开大学教授，博士生导师，研究理论物理、数学物理，是南开大学、北京理工大学首席专家，曾师从诺贝尔奖获得者杨振宁。二女儿葛翠琳，1945年乐亭女中毕业后，去北京上高中，后考上燕京大学，成为全国闻名的儿童文学作家。她写的《野葡萄》等童话，被译为成多国文字，她还是老舍先生的秘书。其三妹葛佩林在北京当医生。

文老先生一家，真是世代书香，培养出了一位院士，一位女作家，都闻名全国，这与文老先生的家庭教育是分不开的。

摘引自《读乐亭》2017年3月第53辑第133页

▲ 1999年回故乡

▲ 1999年为父母扫墓

▲ 姐弟三人在父母墓前照片

童年美好的记忆像一座宝库,每一个片段就像闪光的珍珠宝石,会在一生中为你照亮,给你力量和信心。

20世纪末,我和从海外回来的弟弟回故乡为父母扫墓,面对一座荒冢,我们姐弟三人跪地而泣。鲜花一束,献上我们的思念,父母地下可知?

当年小弟在中学连年成绩优秀,可以推荐进入清华大学,而他却选定了兰州大学,当时全家都为他感到可惜。谁知后来赶上"文革"岁月,清华闹得天翻地覆,哪里还能上课读书?小弟在边远地区却完成了研究生学业,并留校任教,"文革"后去了美国,得到恩师杨振宁先生培养,在学术上迈入一个新的阶段,回国后在南开大学任教授,近年又兼职清华大学。父亲在天之灵,当感到欣慰,因这曾是父亲一生的心愿。面对日新月异的时代,我未敢忘记父亲的教诲:努力读书。一生学做人。父亲六六年受迫害含冤去世,后来家乡和北京街道为他平了反。

如今,故乡已由荒僻的小村,改换新貌,到处是鲜果挂满枝头,运送水果的车流如梭穿行在高速公路上。北方大港已由设想变成了现实,巨大的海轮出入港口,通向世界各大洲。父亲,我们的呼唤您能听到吗?

▲ 姐弟回乡扫墓

▲ 1998年回故乡为父母扫墓，摄于堂叔院中。小弟和小妹同行

原件

证明材料

第　　页

证明人：任忠
被证明人：董广臣

该人原让二十年是在甲昌书店员，从40年由东亭到天津书店员，一直为商。他没回过家经营农事，二级时也没回家，我大队也没给该人计成分。

去1938年他带给八路军员送粮食，当时日本人到处逮捕他因此，该人逃到天津当商书店员。

其妻到七津跟着他离开中村，一直靠戸民以工资生活，我大队也没有给他订成分，支戸民共母亲过日子。

以上情况属实特此证明

董广臣之战姐
老贫农社员 任忠

他忠是我八妹
开革社也让他参加
1938年时期参加
八路军

该人说你送情报，没有给军以人订成分
据党的政策有职业他订成分

（印章：安次县苑任八里庄村 革命委员会）
（印章：安次县苑任八里庄村 革命委员会 1979年5月19日）

证明材料
抄录件

证明材料

证明人：任忠
被证明人：葛户臣

注：66年，当地曾将"葛"字简化成"戈"字，但公章还保留"葛"字。

该人自从二十多岁在本县当店员，从40年由乐亭到天津当店员，一直为商。他没在家经营家务，土改时也没在家，我大队也没给该人订成分。

在1938年他曾给八路军买过枪支，当时日本人到处逮捕他，因此，该人逃到天津为商当店员。

其妻刘士谦很早就离开本村，一直靠戈户臣的工资生活，我大队也没有给她订成分，戈户臣其母管理家务。

以上情况属实 特此证明

参加过土改的
老共产党员 任忠

任忠是我公社前戈庄大队社员，抗日战争时期参加过八路军

（乐亭县苑庄人民公社革命委员会 79.5.19）

该人土改时没在家，没有给该人订成份，按党的政策不能订地主成份

（乐亭县苑庄公社前葛庄大队革命委员会 1979年5月19号）

▶ 向故乡小学
捐款赠书

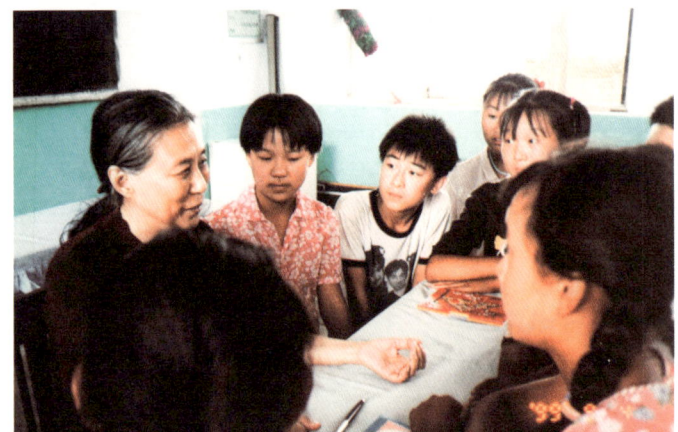

◀ 1999年回乡参观李大钊故居。故友李星华——大钊同志的女儿，骨灰葬于故居后院，特前往悼念

▲ 参观河北乐亭第一中学。该校原为私立进修中学，同族曾祖父葛东侨多年任校长

▲ 50年代母亲和弟弟。摄于北京故宅鼓楼西大街45号

▲ 50年代儿子、侄女、侄儿在北京老宅的合影

▲ 1946于北平老宅,小妹正上小学

▲ 50年代在农村劳动

◀ 丢下年幼的儿子，去农村长期劳动。留给亲人一个微笑的身影，安抚他们焦虑惶惑的心，扬起头来面对屈辱艰难的日子，决不灰心，因为儿子在等待妈妈回来。1958年摄于北京老宅

◀ 妈妈将在农村长期劳动。年幼的大儿子还以为妈妈每天都会守在他身边呢

▲ 告别家园离开孩子奔赴农村

◀ 大儿子出生在1956年,母亲1957年错划为右派去农村劳动多年,难得相见

▲ 与大儿子聚少离多，相见时珍惜每一分钟

▲ 双胞胎儿子出生在苦难的岁月——1966年4月末，来到人世间就面对家人离散、忍饥挨饿、生死存亡只能听任命运安排的日子

▲ 吃玉米面糊糊长大的孩子很皮实,难得见到妈妈。在农村劳动回家来的妈妈,她休息的日子就是节日。珍惜每一分钟,和孩子一起欢笑

▲ 70年代和小儿子在和平街小学

▲ 四个儿子在苦难中长大，对未来满怀期待

▲ 亲情是艰难岁月里的救命粮,它不仅给予你勇气和力量,还陪伴你对未来满怀期望

▲ 60年代摄于北京和平里宿舍楼外

◀ 三个儿子的童年,妈妈在农村劳动。难得的相聚,是最快乐的时光。一把野花,是珍贵的礼物。天真的笑容,胜过千言万语

▲ 弟弟青年时代

▲ 弟弟在恩师杨振宁先生教导下,在美国完成学业,21世纪成为中国科学院院士(摄于杨先生在美国的家中,图右为小弟葛墨林)

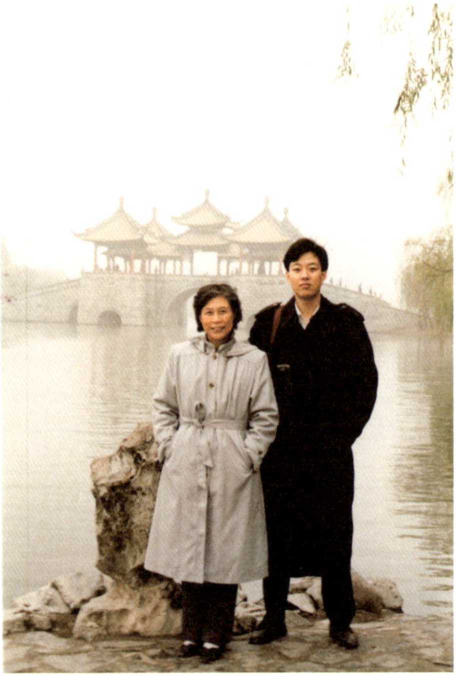

与三儿赵易山在南京

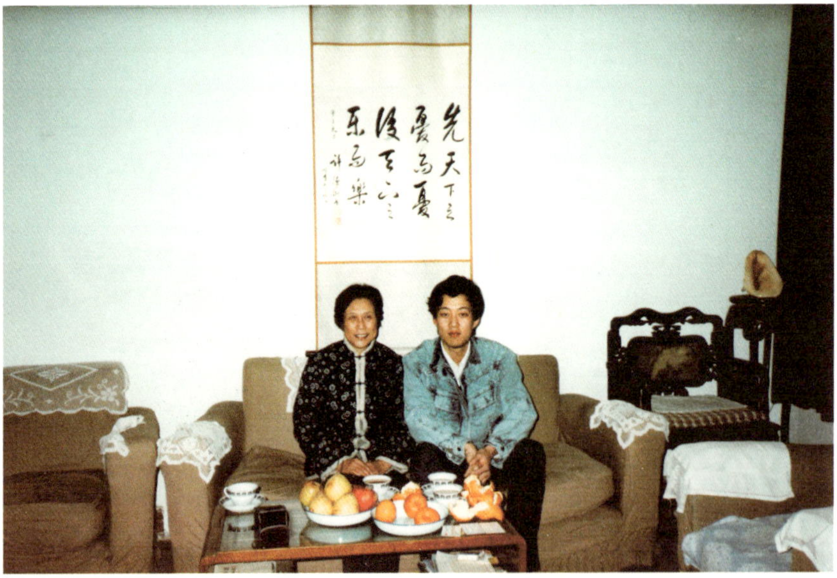

摄于许德珩老人客厅。书法为许老所写

▲ 三儿赵易山

▲ 三儿赵易山
　四儿赵易天

▲ 三儿赵易山在全国青歌赛比赛现场对试唱选手点评

赵易山：真实的童话

久不参与社会活动，和外界少有交往，谁想到友情自远方来。

宗璞大姐电话告诉我：上海《新民晚报》有一篇写"青歌赛"的文章，对赵易山多有鼓励。她"听"了文章很高兴，特意把报纸寄给我……

自从电视台《艺术人生》栏目讲了一句易山是我的儿子，不断有人打电话来，讲的都是些鼓励的话。这令我感到意外，特别是那些从来不认识的远方朋友，给予的信任更是分外珍贵。

易山只是一名教师，有机会参加"青歌赛"的具体工作，不过是"认真做事、真诚待人"而已，没想到竟会有那么多人给予他关心和爱护，素不相识的黄柏生先生还专门写了文章，表述了对易山的殷切期望和鼓励。这些真诚的关注令我们深受感动，也真切地感受到：我们的社会，多么珍惜和渴望人与人之间的真诚相待和彼此理解。

易山每次从"青歌赛"回来，都说自己收获颇丰，学习到很多很多。他一一数说着别人的优点和长处："老妈，你知道吗？每次我们集体按规定三点到达会场，可主持人董卿一点就到那儿了，正在找选手们聊天呢，夜晚在赛场上，就把她采访的内容讲述给观众……"

易山向我介绍了很多人的忘我工作精神，还提及一大串人名，我也记不住，总之，他认为许多人都很优秀。

"某某的语言，流利如喷泉，又快又准又清楚，从头到尾一字不差不漏。都是台下练的呀……"

"八十多岁的老爷子和大家一起熬到深夜……"

易山无论在哪儿都善于发现别人的优点和长处，这使我感到欣慰。

我笑说:"有人竟然把你看成了名人。你自己可不能接受这看法。"

儿子笑说:"哪能啊!文艺界的名人,如群星满天,数都数不过来,每颗星都很耀眼。我只是一名普通教师而已。老妈,你放心!这点儿自知之明,我还是有的。"

"我只盼你健康平安,做好自己应该做的事。其他别无所求。"

儿子说:"只要老妈你不病倒,就是我们最大的幸福。"

我拍拍儿子的头,忽然看到几根白发,这才想到:儿子已年过四十。那个拉着妈妈衣角哭哭啼啼不愿去幼儿园的小男孩,已是遥远的过去了。

▲ 童年的易山、易天在妈妈身边

身处逆境的老中医救下高烧不退的易山

易山是早产儿,生下来只有4斤重,双胞胎哥哥比他体重还轻,也更瘦弱。他们出生在1966年4月末,我产假未满"文革"就开始了,我成为专政对象。小兄弟俩靠玉米面糨糊喂养,这对生命力很强的难兄难弟竟然活了下来,真是奇迹。

两个孩子开始认识世界的时候,正是天翻地覆的岁月,多年保存的图书变成了灰烬,空荡荡的书柜里只放尿布和水瓶。

两个早产儿体质本来就弱,营养不良又得不到精心照顾,所有的儿童传染病无一幸免，麻疹、水痘、百日咳……易山病中总是哭哭啼啼要求妈妈不要离开他，叫着："我吃药打针都不哭，妈妈你不要离开……"但妈妈身不由己，请半天假只能带他看病，不能守着他，无奈只得狠着心把他丢在托儿所里。在门外听着孩子哭哑了嗓子，撕心裂肺的痛楚无法形容。两三岁的孩子，不生病的时候也离不开妈妈，病痛发烧多么渴望躺在妈妈的怀中，但他们连见到妈妈都是奢望。小小年纪要孤独地面对没有亲人照顾的病痛折磨，该是何等的凄惨！

为了能把孩子送进六一幼儿园，也经历了千难万难。户口转入海淀区亲戚家才取得入园资格。这所幼儿园可以允许家长周末不接孩子。我在农村劳动，不能保证每周休息。后来，易山不能接回家的次数太多，好心的老师就把他带回自己的家，管他吃和住。他就像无家可归的流浪儿。

有一天，幼儿园的孩子们吃过晚饭，易山的小哥钻到床底下玩，带班的老师带领孩子们到院子里散步，夜班老师关闭了门窗，喷洒了浓浓的灭蚊药，两位老师都没注意到床下还有个孩子，等老师回来打开门窗，安排孩子们上床睡觉时，这才发现昏倒在床下的孩子。经园内医生抢救，孩子中毒虽已苏醒过来，但仍呕吐不止，全身抽搐。父亲远在外地干校，妈妈在农村劳动，守在身边的亲人就只有园内不同班的弟弟易山了。他紧紧抓住双胞胎哥哥的手，仿佛这样就能留住他的生命，他能做的就是为小哥哥抹掉脸上的泪水。他们多么渴望亲人来看望，但怎么可能呢？这对难兄难弟，就在泪水和想念中一天天长大了。

一天，易山高烧40度。我请了假抱他奔赴医院，整整两个小时耗在了路上，而且医院还不给挂号。为什么？那是护士看病、医生打扫厕所的年代。挂号要查问成分、出身和是不是专政对象。无奈，我只得抱孩子投奔中医医院。

一位戴眼镜的老人管挂号，估计他是位大夫，打发到挂号处来了。我恳求他给孩子挂个急诊。老人很和蔼，悄悄告诉我："挂了号也没用，医生都在劳动呢。"

我说："那怎么办？"

老人说："你去中药店，也许能找到医生。"

我说："孩子高烧，耽误不得。"

老人摸了孩子的手腕，看了孩子的脸和嘴，说是腮腺炎，恐怕还有肺部感染。

我一再地恳求，请他开个药方。老人就从一个本子上撕下两张格子纸来，开了汤药丸药的方子交给我，说："如果抓不成汤药，就买这丸药，尽快让孩子退烧。小孩子高烧时间长了，会造成聋哑的后果。你去中药店买药，不要在医院拿出药方来，快走吧！"

我心中万分感激这位身处逆境担着风险救治孩子的大夫，急急忙忙奔往中药店。

买了药，已经没有了坐车的钱，而且车辆行驶的速度还没有步行快，我又急着赶回家给孩子熬药，只好背起孩子走回家。

为了躲避红绿灯和人行道，我设法穿胡同走，狂风像鞭子抽打着我们母子，树枝抖动着昏暗的影子，脚步沉重，每迈出一步都很艰难。儿子的抽搐揪着我的心，双脚好像带了脚镣，迈步艰难的我几乎喘不过气来。年幼的易山声音嘶哑，哭着问："妈妈，我很沉吗？我要下来自己走……"

他挣扎着从我后背上滑落在地面，歪歪斜斜地往前走了几步，几乎摔倒在地。我紧紧拉住他又将他背在身上，哄他说："你那么瘦，怎么会沉呢？你喝了药，病就会好了，那时候就能自己跑跑跳跳。"

深夜回到家中，孩子已昏睡。熬好了药，唤醒他，儿子用小手捧着碗把那么苦的药全喝了进去，说："我不怕药苦，妈妈，你别离开我……"

但是，我怎么能守在他身边照顾他呢？只能在他熟睡未醒时悄悄离开，想着孩子醒来后绝望的哭声，我的心都碎了。

我的孩子们在外面经常受欺侮，但也不能关在屋里不出门呀，要生存，就离不开周围的环境，挨骂，遭白眼，那是免不了的，孩子们之间打打闹闹是常事，而有的大人竟然抓住我孩子的头用力往墙上撞。对于只有五岁的孩子，何至于那么狠毒呢？

易山在外面挨了打，哭累了擦干眼泪才回家，而且从不对妈妈讲这些事，他知道，妈妈保护不了他。所有的情况我都是听邻居讲说才知道。

易山六岁就曾跟着音院老师去农村干校寻找他的父亲，对于年幼的孩子来说，也算是独特的经历吧。

易山童年里没有图画书，没有新衣服，他们从不奢望买个玩具。有一回，我不在家时，一位多年不曾见面的朋友到我家中来，小兄弟俩见自己家还会有客人来，很高兴，忙问："叔叔，你是做什么工作的呀？"客人回答说："我是捏泥人儿的。"两兄弟一听，高兴极了，就缠着客人要求说："给我们捏个泥人好吗？我们太想要个泥人了……"客人没表示拒绝，这俩孩子就一直盼着泥人的到来，但那位客人再也没有来过。直到三十几年以后，知道那位叔叔是位作家，根本不会捏泥人，易山大失所望，连连说："盼了那么多年哪！我的泥人梦彻底破碎了……"

荒漠中恩师忍辱护佑着音乐的幼苗

苦难并不能把人性完全消灭，就在那是非颠倒的年代里，在备受歧视和欺凌的大环境里，还是有不少善良的人，对我的孩子们伸出了关爱的手。那时全国的音乐学院都已停办，后期生活稍许稳定些，业余时间里，音乐学院许敬行老师教过我的孩子视唱练耳，宋金兰、程娜老师教过我的孩子钢琴，易山还跟中央乐团的梁老师学过小提琴。学小提琴，需要自己掌握音准，那时易山的小手还只能拿四分之一的小提琴，从练几个音开始，学识谱，学听音……一点一滴地积累下来。老师们教年龄幼小的孩子，该是多么的不容易。长年累月，不停止，不间断，耐心认真。当时这些老师自己的处境也很困难，但他们顶着外界的压力，长期地按时为孩子们上课，不但教学，还为他们抄乐谱，数年之久的教诲不曾收取分文报酬，让易山兄弟在文化荒芜的年代里打下了学音乐的基础。

著名音乐教育家、铜管乐泰斗夏之秋老教授教易山吹小号，教老大吹长号，还为他寻找合适的号嘴儿。当时的文化部领导小组曾严令禁止个人音乐教学，并按单位追查，私自教学的人必须亲自到有关部门去登记，接受问询。白发苍苍的夏老师，中国铜管乐早期的名家几乎都是他的学生，他是在音乐教育界受尊崇的人物，彼时为了教易山这孩子，不得不去登记，忍受屈辱的质问。就在那种担惊受怕的日子里，夏老师也没中断过教易山。夏老师住音乐学院宿舍，怕有人揭发他教学生，只得给易山留很多作业，过相当一段时间出来听易山吹奏。寒风刺骨，冰天雪地，年迈的夏老师从南城到北郊，自掏车钱挤公交车出来免费教学，在我家连一口水都没喝过。易山也不敢松懈，大清早跑到空旷的荒地上去练吹号。有段时间，易山的嘴唇肿了，破了，吃饭喝粥疼得咧着嘴吸气，我心疼地说："停两天再练习吹号吧！"小易山说："如果练不好，夏老师会伤心的。"

对于孩子来说，按照严格的音乐要求反复练习，不是轻松的事，但老师的爱心，让他必须坚持学下去，不能有任何懈怠。

多少年以后，音乐学院附中招生，夏老师还曾亲自陪易山去应试，为他壮胆、打气，真是恩重如山。老教授只有一个心愿，就是为国家培养人才。只要成材，将来必有用。

我们不善于表达感激，但在易山内心深处，夏老师的慈祥和严格，老师们的认真和耐心，永远刻印在记忆中，并牢牢记着：像亲人一样对待学生。

在最艰难的岁月里，那么多老师曾无私地教过自己，易山只能以更多的爱心对待他人。这是很自然的。

以前的学习，虽然没有取得突出的成绩，并不等于失败和无用，长期默默的准备，遇到机会就能变为成果。

易山学习上遇到过很多困难，也面对过失败，但努力就会有希望。在遭受挫折、顽强努力的过程中，经受了磨炼。那体会和收获，并不比成功本身意义更小。

岁月如流水，淘洗掉生活中的泥沙，剩下美好的回忆融入生命里，化成信心和力量，也很难得。生活就像大海，学会游泳只能靠自己领会。

1979年，右派获得平反，我的冤案宣告结束，恢复了党籍，重回北京作家协会任专业作家。卸掉沉重的政治枷锁，我为孩子们拿到了生存不再受歧视的通行证，从此升学和工作不再归入另类。

易山曾计划去学木工，幻想成为一名制作小提琴的工人。也想过报考各种工厂的学徒工，希望长大了能自食其力，还曾幻想能考入任何单位的宣传队……那

▲ 长大后的易山和妈妈合影

时，入学接受高等教育是多么艰难！上学不是凭成绩，而是靠这审查那审查，由那些与学生成绩毫无关系的掌权者决定，一生的命运就操控在别人的掌握中。这种悲剧的结束，改变了一代人的命运。最终易山能考入中央音乐学院附中和中央音乐学院作曲系，受惠于政策落实，考生能顺利通过政审关口。谁知道又有多少这样的同辈伙伴？易山是幸运者之一。顺利地完成学业，又是一次人生征程的跋涉。

十几年的学生经历，曾有过多少考试的难关、学习的困境。那时候，内心的煎熬、面对考试的焦虑，难以忘记。当遭遇挫折的时候，如果别人给予一句鼓励的话，一个关切的眼光，一个理解的神情，是多么珍贵！信心就是这样一点一点积累起来的。

易山成为一名教师，不忘自己曾是学生。走上工作岗位，他教的是基础课视唱练耳。

谁想到会有"青歌赛"呢？谁又想到"青歌赛"会设置"视唱练耳"的测试呢？

万众瞩目下，他还是那样善良平易

青歌赛赛场上视唱练耳测试提供给选手的是实际作品片段，不过两三行曲谱，可选出适合歌手的曲谱乐段来，要查阅多少乐曲呢？选定了乐曲片段还要反复检查，赛场上可是直播，不能出现丝毫差错。

为了让给出的分数做到准确，易山事先反复阅读曲谱，根据难度大小，标出每一小节应得的分数，甚至每个音符该得的分数。倾听选手演唱时，运用多种符号快速记录下来对与错的程度，让给出的每一微小分数，都是准确而有根据的。

这些必须在两秒钟内完成并公示的结果，是在众目睽睽的监督下进行，实际上也是一项考试。音乐素质考评，除了要在成绩上对选手负责，对大赛负责，在赛程中还要尽可能让选手和观众了解一些音乐专业的知识，使大家逐渐熟悉视唱练耳的训练。通过"青歌赛"的影响，争取取得一些普及音乐教育的效果。作为一名音乐教师，认真做好这项工作是他的责任。如果能通过"青歌赛"起到某些视唱练耳普及的作用，丰富音乐爱好者的知识面，不是很好吗？所以需要认真地备课。

有人认为：讲述过去的苦难经历，没有什么意义。

苦难是一种磨砺。从每一次磨炼中增长勇气和力量，它能转变成珍贵的精神财富，但这要靠自己去体会和创造，别人是不可能馈赠给你的。

令我欣慰的是，虽然童年忍受了很多不公正的歧视、打击，甚至是冷酷的欺凌，易山的心并没有变冷变硬，总是以善良的心对待他人。

尊重别人，关爱弱者，成为他的习惯，这也是儿子给予我的最大安慰。命运对我们不薄。我们能活到今天，还是很幸运的。

如果多想着把美好的东西给予世界，心里是快乐的。想要世界容纳自己，就必须对世界多付出。如果每个人都能努力做到不去伤害别人，这个世界会是和谐的。

谁不希望成功呢？但不要惧怕失败。每一次失败，对今后的成功，都是有用的。有人建议易山对选手应该多些批评，不要当好人，毕竟尖锐的批评令选手印象深刻，今后进步更大。

但易山不忍心使用严厉的评语。他考虑的是：

选手面对考题回答错误，承受着巨大的挫败感，面对着难堪的场面，那么多观众在盯着看，选手内心的紧张、失落和惭愧，是难以想象的。这样的时候，多么需要别人的理解和鼓励呀！易山希望选手在挫败的时候，也能留下一点美好的回忆。也许，这会成为他今后更努力的动力呢。

最重要的是：不要挫伤选手的自信和自尊。

有的选手按原谱唱不下来，就自编自唱两句。易山点评时考虑到选手的尊严，鼓励说：有一部分是你创作的，很好。因为这说明了选手的勇气和坚持，不甘于失败，此时此刻能加强他的自信才好。

人生之路上，谁又能一路顺利呢？

我问易山："在'青歌赛'的赛场上，你自己是不是也紧张？"

易山笑说："怎么能不紧张呢？真像自己参加会考一样。千百万观众在监视我打分，那是既庄严神圣又诚惶诚恐的精神状态。将心比心，自己都这么紧张，选手不是更紧张吗？所以只能鼓励他们。"

走出"青歌赛"，他是最疼老妈的好儿子

深秋初冬季节，草枯叶落很自然。

我已是年过八十的老人，面对生死本是很平常的事，但病倒在床，对亲人却是一种折磨。

我两次急性心梗，送医院抢救进行手术，儿子可真累惨了。

第一次住在危重病人监护室里，医院要求亲属必须留在医院守候，随时听从召唤。

所有危重病人的亲属集中在一个屋子里，大家惶惶不安地等待传唤。

我的几个儿子轮流为我值班。易山白天要给学生上课，不可能请假，只能值夜班，坐在木椅上耗到天亮，再匆忙赶往学校上课。几个日夜过后，就脸色苍白，眼窝儿深陷黑了一圈，脸颊两侧也坍了下去。我担心他撑不住，他却笑说："老妈别担心，我坐椅子上也能入睡，这叫坐功。"

人到中年负担重，工作忙，家务繁，老人常常需要他抽出精力来照顾，他只能挤占吃饭和睡眠的时间，日久天长，就出现胃病啦，高血压啦，这是难免的。

第二次我又急性心梗进行手术抢救。当时易山正接到教育部的工作任务，需要按时到达机场集合，他一直守候在手术室门口，手术完毕将我推出来，见

他急切的神情，我就对着他微笑，让他安下心来，催他赶快去机场。他依依不舍地望着我，直到我进了病房，才转身离去。

作为教师，不能让学生缺课。作为公职人员，必须按时完成工作任务。易山常常身不由己，我最担心的是在"青歌赛"期间我病倒住院，那易山可就惨了，又不能请假，又不放心老人，让他怎么办呢？今年夏天特别闷热，每天我都感到心脏不适，几乎透不过气来。我嘱咐阿姨："我若病倒，千万别告诉易山。"我想办法尽可能不让家人知道情况。我悄悄请了中医来，由中药西药控制着，静下心来躺着，无论如何，我要强撑下来。直到比赛结束，易山回来述说："决赛期间，我真怕老妈病倒呢！"

我笑说："你看我不挺好的嘛。"

人生，就是一场接一场的持续考试，每个人，都要经历那努力再努力的过程。人生之路漫长而又短暂，名利是看不见的绊脚石，不小心就会被它绊倒摔跤。

我们是普通人，我只希望儿子过普通人的生活，让家成为他们休息的驿站。什么是家？亲人在的地方就是家。不论是大房子小房子、新房子旧房子，只要有亲人在，就是快乐的。亲情的温馨是任何东西都不能替代的。

人与人之间，真诚是信使，它使心灵沟通，架起友谊的桥梁，无论相识与否，都会彼此理解。

易山只是一名普通教师，"认真做事，真诚待人"是他的风格。

他曾受惠于众多善良的人：身处逆境救人的医生、默默无闻的幼儿园教师、诸多为他打下音乐基础的教授、为他遮风挡雨的伙伴们……

他牢记着：自己应该更多地关爱他人回报社会。

在当今竞争性很强的时代里，努力做好自己应该做的事，但不要去争什么。人的付出和获得并不总是成正比例。努力去做了，不计较得失，就会轻松快乐。

易山只是一名教师，不是名人。

▲ 二儿赵易平
中国作家协会会员

▲ 儿子长大成人，三儿易山、四儿易天

◀ 二儿易平
笔名翌平
常将苦练武术的
顽强精神注入文
学创作中

◀ 二儿瘦小苦练武术

◀ 二儿赵易平（右二）

▲ 1990 年迁入新居

▲ 三儿易山、四儿易天从中央音乐学院毕业，留校任教

▲ 姐弟四人合影

▲ 2000年,弟弟妹妹为姐姐过生日

▲ 2000年八十岁生日，弟弟墨林特意从外地赶来

▲ 2002年生日与儿子团聚

▲ 2002年,四个儿子为妈妈过生日

▲ 2005年跨年夜儿孙团聚

▲ 与长孙合影

▲ 长孙

亲爱的奶奶：

你好！

我很想念你。你身体好吗？北京现在还很冷吗？真想快点回北京。

我在新加坡很好，这学期我的数学考试都得满分。英文也进步很多。可是我的中文就很差，妈妈说虽然考试成绩很好，但是我认的字很少，我会加油的！

妈妈给我读了很多你写的童话，我很爱听。我六月就回北京看你，你要保重身体。

爱你的孙儿

2011 年 03 月 20 日

母校·恩师·难忘岁月

▲ 1948年燕京大学社会系一年级同学合影。后排左二为葛翠琳。当时系主任为严景耀,导师为雷洁琼

▲ 1949年青年文工团联欢。在颐和园门前留影

▲ 燕京大学办公楼前（现北京大学西校门内）

▲ 燕京大学办公楼前（原名贝公楼）

▲ 燕京大学姊妹楼麦风阁

▲ 曾一起参加革命队伍的燕京大学同学

光明赞·摇篮曲

1948年,我拿着燕大录取通知书走进燕园,听到的第一支歌是《光明赞》。"兄弟们向太阳向自由,向着那光明的路……"

那是回荡在母校的赞歌,那是我在母校怀抱里倾听的摇篮曲,它浸透在我的血液里,它刻印在我的心上。

啊,燕园!这里留下我们青春的脚步,这里记载着我们学生时代对未来的希望,对祖国的奉献。

穆楼(外文楼)朝阳的一面墙壁曾成为民主墙,这里曾留下我们的签名,为反对黑暗统治,怒吼、抗议、呼吁、宣言……在白色恐怖的岁月里,穆楼深思地伫立着。楼前热血澎湃的人流不断,一颗颗赤诚的心,团结得紧紧。睿楼(俄文楼)的教室里,曾请来秘密奔赴解放区参观的教授们讲述见闻。他们带回了令人鼓舞的消息,指出了中国的希望。

姊妹楼的麦风阁(北阁),成为学生运动积极分子经常出入的活动场所。对面的甘德阁(南阁),却日夜不断音乐系的古典乐曲声,两座小楼里的活动形成强烈的对比,各有各的天地。

幽静的燕园里,湖光塔影、石桥竹林……岛亭、石舫,美景如画,成为民主运动最好的秘密接头地点;星光月色,林间小路,为革命者扮成情侣罩上朦胧的纱幕。同学们组织的各种社团："高唱队"合唱团、"海燕剧社"、"永恒诗社"……强烈的爱国心像一条无形的纽带,把师生紧紧联系在一起,大家对民族,对祖国,都有一种自觉的责任感。

最难忘的是那藏书丰富的图书馆。

解放战争进入最后阶段……不久解放大军攻下天津,迅速围困了北平城。新中国即将诞生,燕大将为新中国培育人才,不能让它受到任何破坏。深夜,同学们在校园里巡逻护校,寒霜凝冻在眉毛上,变成了冰眉雪发。

那是人生道路抉择的胜利。

当燕园里敲锣打鼓地扭秧歌,欢呼解放军到达海淀区时,教授们都从楼里走出来,和同学们共欢乐。

第二天,我从教师楼里出来,只见地下组织青年先锋队(C、Y)里我的联系人龚理嘉站在楼门外向我微微笑着,她身边站着一位身穿军装的解放军。啊,原来是我那久无音信生死不明的大哥从解放区回来了。我发出一声欢叫扑了过去,紧紧抱住哥哥,唯恐是一场梦。大哥在清华大学时名字是葛琴林,到解放区后改名为吴明,我一时竟不能习惯这名字。后来,又见到从解放区回来的同学们,望着他们身穿制服腰扎皮带,脚穿毛底儿布鞋,朴实中显出一种坚定勇敢的气质,对他们真是又羡慕又尊敬,心中对解放区怀着一种神圣的感情。

紧接着,燕大组织宣传队去石景山发电厂。在这里,我第一次见到解放区的代表许立群同志,北平解放后他是第一任团市委书记,后来担任过中宣部副部长。

新中国即将诞生了,我们将是新中国第一代青年,怎样做好准备呢?当时只有一个想法:祖国的需要就是我们的志愿。

解放大军浩浩荡荡进入北平城,燕大组成宣传队在街头马路上宣传。冰天雪地,同学们背着乐器,敲锣打鼓一路演唱一路又写又画,口袋里装着窝窝头,咬开了满口冰碴碴儿，没有人掉队，没有人叫苦，大家沉浸在憧憬新中国的欢乐和兴奋里。夜晚，住在和平门北师大教室里，地上铺干草，砖块当枕头。天天演出，一天几场，露天、礼堂、车站、货场……革命歌曲激动人心，每次结尾都唱《光明赞》。

当我们完成了宣传任务，回到燕园，立即被卷进"走出校园"的热浪里，广大同学纷纷报名参加南下工作团，随着解放大军过长江，解放全中国。北平军管会需要我们参加宣传队伍，我们毫不犹豫地脱下学生装，换上了列宁服。

告别了，母校！

优越的学习环境给予我们丰富的知识，也赋予我们远大的理想。在这里，我们认识到个人前途和祖国的命运血肉相连。无私地奉献是时代赋予青年的使命。我们怀着对新中国美好未来的憧憬，走出了校门。母校，教会了我们爱：爱祖国、爱人民、爱知识、爱人生。这深沉真挚的爱，在苦难的磨砺中，在艰辛的岁月里，都激励着我们，不失望、不动摇、充满信心地，向往着祖国光辉灿烂的未来。

▲ 燕京大学女生宿舍四院。1948年作者住窗内房间（二层）

▲ 燕京大学女生宿舍四院庭院

▲ 燕京大学女生宿舍四院。1948年作者曾住在楼上近院子的房间

▲ 燕京大学女生宿舍四院大门。每晚舍监准时关闭院门

▲ 燕京大学女生宿舍四院门口及庭院。现为北大哲学系办公室

▲ 燕京大学校园未名湖畔石舫。湖名为冰心先生命名

▲ 曾在燕园度过战斗的青春岁月，参加学运、欢迎解放军入北平城

▲ 学长夏自强,原教育部高教司司长,燕京大学学生运动领导人之一

▲ 1948年在燕京大学社会学系就读

▲ 1948年冬迎接北平解放,去石景山发电厂开展宣传工作

人生之路的选择

当我进入燕京大学读书时,许多人向我介绍校园的美丽,英文的高水平,老师们的博学,但燕京大学最让我看重的却是:多年来那么多的校友成为医生,燕大医预系读三年,然后进入协和。而协和有严格的规定,内、外、妇产科这样的大科,女医生任住院医师期间不准结婚。不少的女大夫选择了一生独身,她们的成就举世瞩目,成为医学界的名医。我非常钦佩她们,不只是她们刻苦奋斗的精神和独立自主的生活方式,还有她们那在学术领域勇于攀登和跋涉的勇气,她们真是妇女界的骄傲。我选择了社会学系,当时这学科的专业包括社会服务(养老事业、托幼事业等)及社会调查。似乎我更适合这一门类。我希望我的所学,能实现我自立的梦想。然而,天翻地覆的社会变化,新中国的成立,将我的个人生活冲进革命的滚滚洪流中。祖父曾对我说:"人生好比下棋,棋子每走一步,常常身不由己,必须慎之又慎,才不会陷入绝境。"直到晚年,我才真正体会这句话的内涵。

人生之路虽然崎岖坎坷,但我实现了自己的梦想,能够自立,不依赖任何人。而且童话成为我一生的追求,我觉得幸福快乐。

▲ 1949年迎接新中国的成立

▲ 1949年调到中共北京市委文艺工作委员会

▲ 1949年在中共北京市委文委,筹备市文代会

▲ 1956年出版童话集《野葡萄》《巧媳妇》等书

仰望第一面五星红旗升起

1948年底,解放军围困北平城,中共地下党组织抽调燕京大学的文艺骨干,去石景山发电厂宣传政策,我在其中。随后就准备迎接解放大军进入北平城。

1949年1月底,宣传队随先头部队进入城内,白天搞宣传,饿了咬两口带冰

▲ 1949年曾临时调去配合公安局执行封闭妓院任务

碴的窝头,夜晚就睡在干草上,枕着砖头,从来没想过苦。新中国就要成立了,我将亲眼看到新中国的国旗升起来,那将是多么激动人心的时刻啊!

3月份,组织又增调清华、北大的文艺骨干,成立了短期的青年文工团,配合北平解放初期的宣传工作。

1949年是摧毁旧政权建立新中国的历史巨变年,一系列的准备工作都在紧张地进行。

9月首届全国人民政治会议召开,中华民族的精英们欢聚一堂,共商国是,

确定了中华人民共和国名称,首都定在北平,改名北京,通过了国徽国旗图案,选出了中央人民政府……我们奉命去中南海怀仁堂为首届政协筹备会议演出,毛泽东、朱德、刘少奇、周恩来、宋庆龄、李济深、张澜、邓颖超、蔡畅……众人仰慕的领袖们、精英们,就坐在台下,我们站在舞台上近距离面对面地凝望着他们,竟至完全忘了看合唱队的指挥,只傻盯着台下的伟人们看。但雄壮的大合唱却没有出现一点儿错,高亢浑厚的音流回荡在会场里,为新中国诞生而激动的心情台上台下交融,"大旗一举满天红哟……"像瀑布一样的声浪,奔流倾泻,台下掌声热烈,仿佛在鼓励我们这群年轻的文艺战士。谢了幕,当我们走向后台的时候,还是一步一回头地回望台下的领袖们,希望多看他们一眼。过去,只从照片上见过他们,当面看到这么多的精英人物,实属不易,这印象永远留在了我的记忆里。

怀仁堂的工作人员为我们每个演出人员递上一杯清凉的酸梅汤,那真是最甜美的果汁儿,因为它是伴着久久不能平静的兴奋心情喝下去的,所以甜在心灵深处。

新中国即将诞生!我们日夜期盼着新中国盛典的日子到来。我更是急切地等待着升国旗的时刻。

盼望着,盼望着……终于盼到了10月1日。

▲ 1949年在北京青年文工团。为建立新中国开展宣传工作

清晨,天气阴沉,一度还曾洒下稀疏的雨点,我决定不带雨衣去参加游行。我很自信,七一参加庆祝中国共产党建党二十八周年纪念大会,我们文工团的队

伍顶着瓢泼大雨跑步到达先农坛广场,表演大秧歌红绸舞,淋得全身湿透,红绸的颜色把我们染成了花脸,脚面的水流变成了红色,抹一把脸上的汗水,继续又唱又舞,持续的大雨丝毫也没减低大家欢腾的热情。台上的领袖们也不披雨衣,像大家一样淋在雨中观赏庆祝活动,他们经历过多少风雨中的行军战斗,这天是胜利后的庆祝大会,风雨让他们显得更加精神百倍。台下的群众受到他们的鼓舞更兴奋了,笑声歌声和着雨声,那才是激动万分呢。直到欢庆活动结束,我们像水人儿一样回到宿舍,喝完姜汤,擦干身上的雨水,钻进被窝就睡,竟无一人感冒。新中国庆典,风雨怎能阻挡我们欢庆的情绪呢,我只担心雨点滴洒在国旗上。心中祈祝:雨停了才好,让我们的第一面五星红旗迎风飘扬⋯⋯

谁知中午时分竟完全晴了天,天空绽开了笑脸,呈现出一种雨过天晴的灿烂。

聚集在天安门广场,有一种亲人欢聚的气氛,三十万人的队伍,由一个个方阵组成,我们的队伍排列在天安门城楼下的东南角,临近御河桥,可以近距离观看天安门城楼,我们期待着新中国成立盛典开始,全神贯注。

一阵热烈的欢呼声回荡在天安门广场上,领袖们精英们登上了天安门城楼。三点整,中华人民共和国中央人民政府委员会秘书长林伯渠宣布典礼开始,毛主席伸手按动电钮,第一面五星红旗升起来,广场上静极了,只有国歌的旋律伴着54门礼炮鸣响28下炮声,象征着新中国54个民族奋斗28年,迎接新中国的诞生。

注视着新中国的第一面五星红旗升起来,升起来⋯⋯在蓝天白云下迎风飘扬,童年时代珍藏在心中模糊的国旗形象,一下子清楚完美地展现在眼前,庄严、生动、亮丽⋯⋯"冒着敌人的炮火,前进⋯⋯"雄壮的国歌旋律中,童年时望着敌人旗子升起的屈辱情景,闪电般从脑海中滑过去了。我们的五星红旗,向世界宣告:

"中华人民共和国成立了!"

"中国人民站起来了!"

欢呼声像海浪般震天动地,游行队伍一一走过天安门城楼前,英雄的军车,威武的战士,红绸飘飞,锣鼓喧天,鸽群冲向蓝天飞翔,五彩气球飘向天空,山河大地齐欢腾。

新中国诞生之夜,绚丽的焰火,闪亮的彩灯,闪耀着奇光异彩,然而最美的,还是那夜空中飘扬的五星红旗。

新的时代开始了。

▲ 1957 年在农村

▲ 1957年丢下幼子去农村劳动改造

▲ 60年代在农村劳动

▲ 导师雷洁琼，曾任燕京大学社会学系教授
她像母亲爱护孩子般，几十年里支持我在人生之路上前行

◀ 80年代和导师雷洁琼一起参加全国妇代会

◀ 将新作献给导师

◀ 雷洁琼先生参加冰心艺术奖音乐会

▲ 80年代与共同战斗过的老战友们相聚。有的人已定居美国,相见难相认

世上的路千千万，自己的路却只能自己一步一步走。即使是阳光照耀下的宽广大道，乘车而行，也要自己选择路线和目标，就是顺利地搭上客车，也还会遇上红灯，遭遇堵车。面对荆棘路、泥泞路，需要勇气和信心。但只要不停地迈步往前走，就会走出自己的路来。冰面、崖边、沙漠和泥沼里，跋涉的过程中也许不曾留下脚印，但路的终点却是在心中。

狂风暴雨中，小小的山洞成为避雨的驿站，烈日炎炎的蒸烤中，大树洒下一片浓荫，青草遮住了尘沙，溪流冲洗着疲惫，行者总能感受大自然的恩泽庇护，而它们从不曾企望回报。

人生之路并不轻松，而愚昧和贪婪，却常常是漫漫长路上的陷阱和绊脚石。

成功的路没有尽头。勤奋是成功的影子。

创作是心灵路程的跋涉，探索、实践、追求……成果只是刹那间闪过的流星。迸跳的火花分不出大小，整体的火焰才献出明亮和温暖。

通向孩子心灵的路，真诚是信使，爱是风雨无阻的车和船，这条路上虽然没有艰险危难，但要远行成功，也需要汗洒长途。

文学·前辈·人生路标

▲ 冰心先生迁入中央民族学院教授宿舍楼新居

▲ 摄于冰心先生书房

▲ 冰心的丈夫吴文藻先生曾任燕京大学首届社会学系主任，培养了众多社会学学者，如费孝通等人

▲ 在冰心先生客厅内

▲ 冰心青年时代

▲ 冰心先生珍藏的一张照片

▲ 与冰心老人在一起

▲ 摄于冰心旧宿舍

与冰心月下漫谈

50年代初,我在北京市文联任职老舍办公室秘书。冰心全家从海外回国,老舍带我去看望冰心。见面时,冰心拉着我的手亲切地问:"过去你在哪个学校读书?"

我回答:"燕京大学社会学系。"

冰心笑说:"那我们是校友,你也可以说是文藻的学生。"

我笑说:"那可不敢当。"

吴文藻先生是中国社会学的元老,曾任燕大社会学系主任,培养出费孝通等著名学者,只是我就读燕大社会学系的时候,吴老师正在国外任职,从未见过面,我为今后能有机会向吴老师求教而庆幸。可惜吴老师回国后不久,社会学就取消了,从此中国社会学学科中断了近三十年,"文革"结束才开始恢复。这是后话了。

《文学报》2009年5月21日第12版

▲ 1980年全国第二次儿童文艺创作评奖。评委合影

葛翠琳作品选要我作序,她是久已闻名的儿童文学作家,我还能说什么呢?但我还要提,这本集子里有一篇"海的童话",特别使我心动神移!请小朋友们用"小砂砾"的心情好好地来读完。

冰心 一九九一.六.

春天在哪里

中国少年儿童出版社

《春天在哪里》序

冰 心

翠琳同志让我为她的童话集作序,我欣然答应了。

正如作者在《翻跟头的小木偶》的后记中所说的,"五十年代,童话有过遍地开花的旺季,不仅内容丰富多彩,在语言风格、表现手法上也各具特色"。翠琳同志也就是在那时候开始写童话的。

我和翠琳同志见面,是在1952年,她那时正在北京市文联工作,是老舍的秘书。有一天,老舍带她来看我,谈起1948年她曾在燕京大学肄业,于是我们认了个"同学"。此后在作协儿童文学座谈会上,我们常在一起学习。每次散会,都由她送我回家。说起来已是三十年前的事了!

我从来没有写过童话,因为这是特别为儿童阅读的一种文学形式,作者不但要热爱儿童,熟悉儿童,还要富于幻想,会说儿童的语言,才能写得合情合理(也就是"合"儿童之"情","合"儿童之"理"),才能受到儿童的欢迎。

翠琳同志写的童话,人物很鲜明,故事很生动,语言很优美,具有她自己的细腻活泼的风格。这些年来,她写了有几十万字很好的童话,其中有《野葡萄》,写一个勇敢无私的小姑娘的故事,第二次全国少年儿童文艺创作评奖(1954—

1979）曾得过一等奖，有英文译本，深受国内外小读者的欢迎。此外有《金花路》，是写一个刻苦学艺的木匠，为后来的接班人撒出一条金花路的故事，也被选入《童话选》（收"五四"以来各家童话作品）。

她写的七个儿童剧本收在《小淘气的决心》的集子里：有的是从外国童话改编的，如《小淘气的决心》和《野天鹅》；有的是歌颂少先队先进事迹的，如《美妙的日记》《小姐妹的冰靴子》等；还有创作的童话剧。这七个剧本都有很好的插曲，很适合儿童表演。

"十年动乱"之中，翠琳同志也因童话形式被"四人帮"否定了，而停下笔来。"四人帮"被粉碎后，童话获得了新生，翠琳同志又写出了收集在《翻跟头的小木偶》里的四篇童话，实现了她的"童话如何反映现实"和"具有时代精神"的愿望。

翠琳同志在1957年以后曾为中国木偶剧团编过剧本，她对于木偶的构造和表演的动作是熟悉的，因此她写《翻跟头的小木偶》时，会那样的真实、生动。至于《飞翔的花孩儿》，却是用更有诗意的语言，来怀念我们敬爱的周总理的。

我为女作家中有像翠琳同志这样的童话作者而高兴！她的作品，永远是鼓励儿童前进、向上。她在《雪娘和神娘》里珍重地对儿童说："你是我的未来和希望，去为人们创造幸福吧！让所有勤劳勇敢的人都生活得快乐。"

翠琳同志还年轻，在童话获得新生的大好形势下，我深信这位孜孜不倦的园丁，一定能"和许多新老童话作者一起努力，倾注心血，浇灌童话这美丽的花儿"。

1981年12月29日

春天在哪里？

呼，呼……冷风吹。大地光秃秃。

都说春天美丽，春天在哪儿呢？

小公鸡去找春天。

砰砰砰。

"请开门。"

"谁呀？"

小白兔正忙着和面做馅儿饼，顾不上开门。

"我是小公鸡。"

"小公鸡呀，欢迎你来做客。今天请你吃馅儿饼。"

"我可没时间做客。我要去找春天。你知道春天在哪儿吗？"

"我知道，我知道。春天在青草丛里。美丽的春天，大地一片绿。"

"谢谢你，我去找春天了。"

小公鸡走了又走。春天在哪儿呢？

砰砰砰。

"请开门。"

"谁呀？"

小蜜蜂正忙着做蜜糕,顾不上开门。

"我是小公鸡。"

"小公鸡呀,欢迎你来做客。今天请你吃蜜糕。"

"我可没时间做客。我要去找春天。你知道春天在哪儿吗?"

"我知道,我知道。春天在鲜花丛里。可爱的春天,花儿遍地开放,风儿吹送着阵阵清香。"

"谢谢你。我去找春天了。"

小公鸡走了又走。春天在哪儿呢?

砰砰砰。

"请开门。"

"谁呀?"

小青蛙正在睡觉,从梦中醒来。

"我是小公鸡。"

"小公鸡呀,欢迎你。请到屋里坐。"

"我可没时间坐,我要去找春天。你知道春天在哪儿吗?"

"我知道,我知道。春天在快活的小河里。温暖的春天,小河流呀流,鱼儿游啊游,浪花蹦跳像珍珠。"

"谢谢你。我去找春天了。"

小公鸡走了又走。春天在哪儿呢?

砰砰砰。

"请开门。"

"谁呀?"

小鸟儿在窝里正忙着铺床。

"我是小公鸡。"

"小公鸡呀，欢迎你。我这就出去跟你玩儿。"

"我可没时间玩，我要去找春天。你知道春天在哪儿吗？"

"我知道,我知道。春天在茂密的树叶里。美丽的春天,大树小树都穿上新衣，柔软的枝条在风里摇来摆去，唱歌跳舞做游戏。"

"谢谢你。我去找春天了。"

小公鸡走了又走。

青草在哪里？

花儿在哪里？

奔流的河水在哪里？

绿色的树叶在哪里？

在哪里？在哪里？……

"在这里。我在为春天准备绿色的地毯。"

地下的草芽儿细声细气地叫着。

"在这里。我在为春天准备芳香的花朵。"

枝上的花芽儿慢言慢语地说。

"在这儿呢！我要为春天撒下可爱的绿荫。"

树上的嫩芽儿愣头愣脑地喊。

"在这儿哩！我在为春天准备松软的土地。"

冰下的小河发出清脆的声音像吹奏短笛。

小公鸡呀小公鸡，你为春天准备了什么？

"我吗？我为春天准备了一支美丽的歌。我还要啄害虫，让春天更美丽，更快乐。"

一阵温暖的风吹过。呀！草儿青青，花儿朵朵，尖尖的树叶绿了，河面上碎裂的冰块像小船一样漂着，悠悠荡荡好快活。小兔子在草地上跑来跑去打滚儿，小鸟儿飞来飞去唱着动听的歌，蜜蜂和蝴蝶飞舞，小青蛙跟鱼儿比赛游泳多快乐。

小公鸡呢？他伸长了脖子喔喔啼，唱着一支美丽的歌。

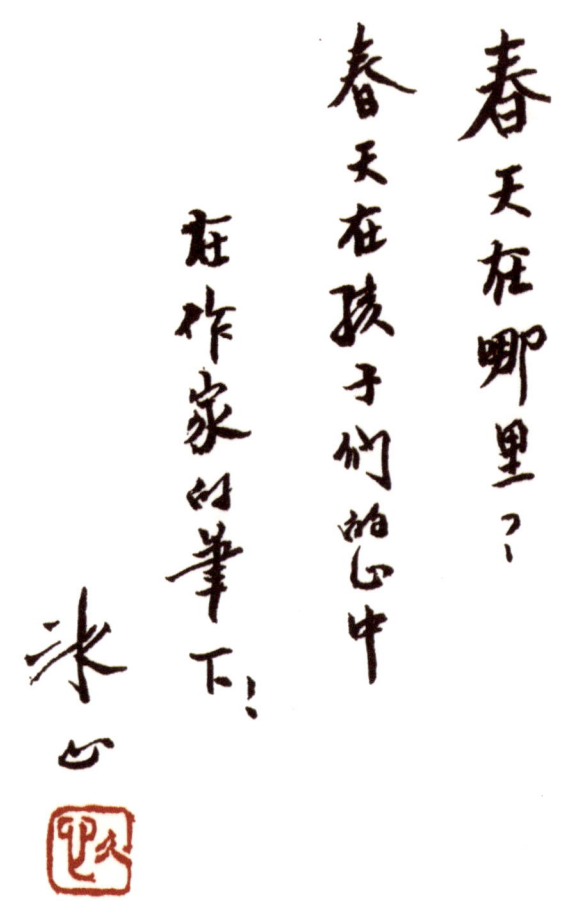

问海

在那小小的世界里，

常常出现惊人的奇迹，

非凡，孕育在平凡里。

蓝天上飘荡着朵朵白云，蓝色的海面上跳荡着排排雪浪花。太阳喷洒出耀眼的金光，天空烘出绮丽的彩霞，海面上映出迷人的光焰。一望无际的海滩，仿佛金色阳光织成的地毯，柔软而又温暖。海浪为细沙洗过澡，悄悄地离岸远去，层层细沙在阳光下舒腰敞怀，享受着海边的幽静和清新。

一颗小沙砾，第一次被海浪冲上了沙滩，身上还带着潮湿的海沫，它抖动抖动身子，张着惊奇的眼睛观望周围。呀，多么神奇的世界！

抬头望天，天空广阔、深远。

小沙砾怯怯地问："天，你很大呀……"

天冷静地回答："天俯览宇宙，当然广大。"

低头看地，大地辽阔、凝重。

小沙砾天真地问："地，你很广呀……"

大地严肃地回答："大地生长万物，自然广阔无垠。"

远望山峦，高山险峻、庄严。

小沙砾敬慕地问:"山,你真雄伟……"

大山傲然地回答:"高山,顶天立地,当然雄伟。"

注视身边的礁石,礁石尖利、粗糙。

小沙砾淘气地问:"礁石,你很坚硬吧?"

礁石不屑地回答:"你这小东西,怎么净讲傻话,净问些可笑的问题!"

小沙砾难为情地说:"对不起,因为,我想知道……"

礁石冷冷地说:"你首先应该知道自己。"

小沙砾奇怪地问:"知道我自己?"

礁石教训说:"是呀!你应该知道:你是世界上最渺小的东西,你是世界上最没价值的东西,你是最没分量的东西,你是没有任何用处的东西,你是没人注意的东西……"

小沙砾难过地问:"那……那……我……"

礁石哈哈大笑:"你呀!你是最最普通的小沙砾。"

小沙砾很伤心。它不敢再仰望天空,也不敢环视大地,不敢瞭望高山,更不敢注目礁石,它低垂着头,轻轻地叹气。

阳光灿烂,海鸥盘旋,海滩迎来一片欢声笑语。

游人跑来跑去嬉戏打闹,深一脚,浅一脚,一下子将小沙砾踩在脚跟底下。哎哟,好疼!小沙砾几乎哭了。这是怎么的?忽然,大脚抬起来了,又将小沙砾抖落在沙滩上,小沙砾晕头转向,摔了几个跟头打了几个滚儿,这才稳住了身子。只听礁石在一旁开心地大笑:

"看看,明白了吧?你就是任人踩来踩去的废物东西小沙砾!"

小沙砾忍不住嘤嘤地哭起来:"我想知道,想知道……"

嘻嘻嘻,哈哈哈,游泳的人群从海水里跑出来,扑倒在沙滩上,将小沙砾狠狠地压在身底下,巨大的身躯遮住了光,遮住了热,黑乎乎,沉甸甸,小沙砾什么也看不见，什么也听不见，闷得透不过气来。

"我是没有任何用处的小东西！"小沙砾心中不断地重复这句话，它感到失望，它觉得悲哀。

一阵风，一排浪。

哗，哗！欢乐的浪花跳跃着，歌唱着。

明亮的天空，温暖的海滩，尖利的礁石……

小沙砾突然感到轻松，周围的一切清晰地展露在面前。它凝望着，倾听着，心中充满了兴奋和快乐。原来游泳的人从沙滩上跳起来，小沙砾和许许多多的沙砾，正好附着在游人的后背上，仿佛一件沙衣。

小沙砾呼唤飞过的海鸟：

"聪明的鸟，幸福的鸟，你能在空中飞，真了不起！请告诉我，我该怎样看自己？"

海鸟匆匆飞过，扑扇着翅膀鸣叫：

"你去问海！你去问海！"

蓝色的大海，托着一排排雪浪花。

小沙砾呼唤大海，满怀希望地问：

"大海，你是那么深，你是那么广，你是那么勇猛，你是那么渊博，请告诉我，我该怎样看自己？"

大海宽慰地说："孩子呀，你就是你自己！"

小沙砾说："我是最渺小的东西，我是最没价值的东西……"

大海深沉地说："你是很可爱的小东西！到我的怀抱里来吧，我将充满爱心地拥抱你。"

小沙砾不安地说："你是那么深，你是那么广，你是那么勇猛，可我只是……"

大海温柔地微笑着，亲切地说：

"我的胸怀里容纳一切，才这样丰富；我接受每一滴水，才这样深广；我从不停止活动，才这样具有生命力；我不拒绝飓风的推动，才异常勇猛。在我的怀抱里，有各种珍奇的海宝，也有普通的海草，还有漂浮的泡沫，以及沉落的各种残骸弃物。这就是大海，人们称颂的大海，人们诅咒的大海，人们爱恋的大海，人们惧怕的大海。像你一样，我就是我自己。"

听了大海的话，小沙砾心中充满了欢乐，它激动地呼叫着："大海妈妈，我多么爱你！"

哗，哗！浪花跳跃着，一阵阵欢笑，一阵阵歌唱，迎着清风，和着海鸟的啼鸣，大海一片欢腾。

炎热的阳光迫使游人投进大海，像鱼儿一样游动在海波浪谷里。

小沙砾一下子跌落大海中，涌浪驮着它，浪花推着它，它翻跟头、旋转、跳跃，一股强大的激流冲来，它感到一阵眩晕，经历了惊险而又有趣的旅程，在急流涌动中，它跌进了海底。

大海深处是这样幽静，所有的生物都悄悄地活动着，仿佛无声的世界。

小沙砾浮游着，旋转着，沉落在一只大海蚌的怀抱里。海蚌柔软的胸腹是它舒适的床，它太累了，很快就偎依在海蚌的怀里幸福地睡了。

雪浪花编织海的图案，波涛记载海的足迹，潮和汐交替循环，大海迎送日月星辰，小沙砾甜甜地睡着，沉浸在美丽的梦中。

这个梦很长很长……

幸运的小沙砾，海蚌的咸乳喂养着它，坚硬的贝壳保护着它，海流荡来荡去地冲洗它，闪烁的光照耀它，一年又一年，多少日月过去了，小小的沙砂长成了晶莹完美的大珍珠。

华丽的大厅，晶亮透明的大展览橱，陈列着各式各样耀眼的瑰宝。昂首挺胸的金杯，身上刻着荣誉的标记，站立在大红锦缎的底座上，向身旁的大珍珠问道：

"你从哪儿来？什么家世？"

"我原是最没价值的东西。"大珍珠怯怯地说。

"咦！你是稀有的珍宝，世上最受注目的大珍珠。我问你，你是怎样获得最高荣誉的？"金杯又追问。

耀眼的大珍珠仍旧怯怯地回答：

"我只是一颗最普通的小沙砾，很偶然的机会，扎进海蚌的怀里，后来……"

金杯傲然一笑："你能爬进这镶金的丝绒盒儿里，陈列在这举世瞩目的展览厅里怎么会是偶然的？"

"我说的是实话！真的……"

金杯不悦地打断珍珠的话："别糊弄我了。我也是稀世之宝，用不着挖你的墙脚儿，干吗瞒我！太小气了。"

珍珠惊奇地睁大眼睛，申辩道："是真的！千真万确，我原是一颗很普通的小沙砾，没有任何价值的东西……"

金杯冷笑道："沙砾千千万万，怎么都没成为珍珠？还蒙我呢！"

珍珠不知怎么回答，它低下头来沉默着。人群从它面前走过，多少赞叹的语言，惊羡的目光，纷纷投向它，珍珠甚为窘迫。

金杯好心地告诫它说："你是很贵重的东西，你是很完美的东西。这，就是荣誉！你将被载入史册，摄入影像。你只需躺在这里，接受人们的喝彩和赞誉，就可以成为传世之宝！"

可珍珠不明白："为什么？为什么我的变化这样大？这是怎么开始的呢……"

稀世明珠成了人人谈论的话题。自然，明珠的价值、荣耀、地位，都是显赫的。这使得珍珠不知所措。它迷迷糊糊地躺在黑丝绒垫座上，镶金的宝盒保护着它，但它心中却不快活。它回忆着，作为小沙砾，曾是多么自在呀！

在广阔的海面上漂上漂下，在波涛里打滚儿，在浪花上翻跟头，挤挤攘攘，喧闹、嬉笑、淘气、玩耍，太阳把全身晒得灼热，海浪又把全身冲得清凉，海流里有鱼儿游过，海底有海龟爬行，海参轻轻地在身边滑撞，海蜇托举着它游荡，自由自在，多么有趣！而躺在这透明的大玻璃橱里，尽管人群不断地从眼前走过，却是多么寂寞！

珍珠想起了大海的话："你就是你自己！"

珍珠在惶惑中苦苦地思恋大海，思恋那孕育了它的海蚌。它很想问海："我该怎么办？"

可大海离它太远了。

那孕育了珍珠的海蚌呢？人们从它的怀里取出大珍珠以后，就把它抛弃在海边，成了海滩上的残骸垃圾。谁也无从知道，它曾是稀世瑰宝大珍珠的母亲。

冰心题签《爱的露珠》明信片

葛翠琳配诗
高海作画

► 你是人世间的忘忧草
　小小的绿叶
　把浸泡心灵的痛苦和失望
　酿成爱的清泉
　滋润着希望的幼芽

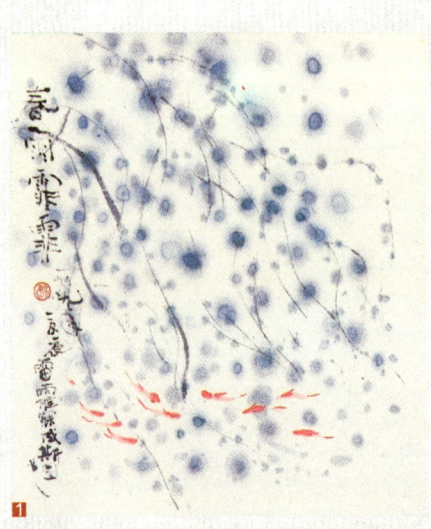

1 为了追寻自由的鱼儿
　　雨滴轻轻洒落水中

2 何须用语言
　　相知在默默凝望中

3 面对迷人而又丰富的世界
　　勇敢地在大海中遨游

1 情依依
　共相知

2 晨光化作一片云
　想悄悄托起你轻盈的翅膀
　送你去追逐爱的温柔

3 父亲的爱和母亲的爱合成一个世界
　我便是世界的占有者

安徽少年儿童出版社

1991年12月第1版第1刷

▲ 韩素音和冰心。摄于冰心新居所

▲ 1988年摄于瑞士伯尔尼韩素音家中客厅。当时她正写《周恩来传》

中国情系
——怀念韩素音

群树绿叶尚未变色，突然雪花飘飞，树冠草地披了一片白。雪水从树枝树叶滴洒下来，路面出现冰冻，寒气袭来，顿觉清冷。这时传来韩素音辞世的消息，心中怅然，仿佛身在梦中。

那样一位精力充沛、热情饱满的女作家，真的永远离开了我们？

曾记得：创办冰心奖时，我们必须先申请注册，然后才能办理银行账号、刻公章等一系列的繁杂手续。这一切必须先有房子作为登记地址。当时商品房还没有流行，困境可以想象。韩素音决定把她的私人房产，隔断一间出来作为冰心奖办公用房，令我十分感动。韩素音在北京原有一份房产，是独院平房，文革中被侵占，文革后政府落实政策，补给她几间平房。这房产坐落在西四一个胡同里，是一进三层的大院，中间的单独小院给了韩素音。几间平房相互通着。临院门的一间隔断开来给冰心奖使用，虽是平房，却有卫生设备，还分成里外间，这在当时确实难得。韩素音真诚地为我办了亲笔签字的手续。这件事在相当一段时间里，帮冰心奖解决了一项实际困难。

后来，我考虑韩素音本人并不在中国居住，将来处理这私人房产时，切割出来的一间会对她造成不便，我就把这间房子退还了她。

她惊奇地说："你知道，多少人想着这房子？你已用着这房，怎么还退回来？"

我说："房子的事，早晚你要处理，不想给你留下麻烦。"

韩素音是个慷慨热情的人。

冰心奖成立初期，吴作人美术奖国际基金会成立，首届颁奖会在北京饭店举行，会场摆成圆桌。韩素音到场时活动已经开始，她就坐在后面门旁我们这一桌，我忙让工作人员传话给吴作人老师的夫人萧淑芳老师，一会儿，有人来请韩素音上主席台就坐。她推辞，我说："你去坐主席台吧，否则萧老师还要亲自来请你。"她匆忙嘱咐我："冰心奖颁奖会一定要摆一排排座位，千万不要摆单桌，大家精神不集中，会场难控制。"我回答："知道了。"所以冰心奖颁奖会会场从未摆过分桌座位，会议时间也不超过两小时。开始几年，在人民大会堂举办颁奖会，后来在钓鱼台国宾馆芳菲苑举办活动，韩素音都亲自参加，而且每次都发表热情洋溢的讲话。最初几届评出的获奖作品，她都看过，还问过获奖作者的情况。她为冰心奖写的诸多题词，我在序言里大部分写过了，这里不再重述。

韩素音最后一次来北京，我们去医院看望冰心。回来她对我说："冰心是令人羡慕的。近百岁的人，心情平静地躺在医院里安度晚年。有事作家协会派人来解决，家属来看望，作协会派车。外国的作家进入老年，哪有什么机构管你？"

我说："你可以久住中国呀。"

她说："我的故乡是中国。但我要永久居住在中国，还是需要许多手续的。"

因为这不是我能发表意见的事，便闭口不再谈论。

曾记得：在北大举办韩素音青年翻译奖颁奖会，季羡林老师主持会议，并领导此项工作，所以用车、会议室、餐厅诸项都顺利。

颁奖会人数不多，却庄重热烈、轻松愉快，会后在餐厅推出茶几高的大蛋糕，气氛推向高潮，韩素音说："他们的做法你可以参考。"

我注意到此项活动中获奖证书是盖方形人名章，这对获奖者或许更具纪念意义。于是会后我请冰心、韩素音二人为冰心奖专门写了亲笔签名，并刻印制成了签名章，以供冰心奖备用。韩素音认真地写下了英文和中文名字。如今这两份签名章，竟成了二位老人为冰心奖留在世上的手迹了。

曾记得：1982年，我去瑞士参加儿童书籍国际奖评委会会议，先是住在旅馆里，韩素音去看我，说："这里的人多是讲法文，评委会的说明资料也大多是法文，你莫如先住我家中，我可以翻译法文给你听，你也帮我处理一批中国的来信。"我的英文水平还是解放前在燕京大学读书时的基础，法文没学过，韩素音对我帮助很多。

她的家只是一套普通的二居室楼房，一间卧室，一间书房，一间客厅兼餐厅，二卫一厨。书柜都摆放在长长的楼道里。

客厅里有一套沙发，一张餐桌，一个小打字桌。令我感到意外的是任何房间都没有电视机。我住在她家的书房中，她就在客厅里写"周恩来与他的世纪"一书。堆摞一尺多高的中文来信，她没有秘书，真难为她了。我读给她听，并帮她写了回信。其中有中国欧美同学会的信，通知她缴会费。我说回京后替她回个电话就行了。她说那样不礼貌。还是回封短信，再带一张支票好。我照办了。

韩素音笑说："人们传说我家像王宫，有厨师、有司机，你看，哪里有？只有小时工每周来打扫卫生。"

瑞士儿童书籍国际奖的主席希望获奖儿童书的奖金由一位伯爵夫人捐赠，这事特请韩素音协助完成，韩素音热心公益事业，就答应下来。韩素音和我去参加伯爵夫人的午宴，我们是乘火车去的，到了伯爵夫人的庄园外，是似曾在欧洲电影中看过的贵族庄园的茂密树林。有位女记者开车来赴宴，见到韩素音就请我们上车，小汽车在林中路上开了不短的时间，才到宫府门口，早有侍者在门外等候。伯爵夫人家中很富有，有私人飞机，私人银行……本人服饰却很简朴。午宴也只有几样菜，由侍者送到宾客面前，盘中备有叉勺，客人根据需要自取菜量放入自己盘中，最后每人一杯饮料。就在这交际餐叙的活动中，韩素音取得伯爵夫人的同意，捐赠给瑞士儿童书籍国际奖一笔钱。回程中快到家的时候，韩素音带我到意大利餐馆吃些面食，因我猪牛羊肉都不吃，午宴只取些蔬菜沙拉，她怕我没吃饱。说明她是位细心周到的人。我们一路交谈，她向我详细介绍了这次活动的构想，并感慨地说："人们都赞赏北京燕园的价值，当初司徒雷登，就是一次又一次地在国外寻求赞助，建成燕园的。如今还有谁记得他？但燕园留下来了，一代又一代的精英从那里走出来……"

后来，冰心奖的许多做法，都借鉴了瑞士儿童书籍国际奖评奖的规则。

瑞士儿童书籍评奖工作结束，我去巴黎访问，韩素音给我一笔法郎。我说："用不着。"她说："你一个人出国，不像随代表团出访，事事都有人安排好，跟着走就行了。可那样你永远锻炼不出来。你要自己跑，自己处理各样问题。"她还给了我一沓公交车票，乘一次车，使用一张。

在巴黎食宿交通等接待单位都为我安排了，所以韩素音给我的法郎一分没用，回到瑞士我又全部退还给她了。她说："别人出国都买许多东西带回去，你不买些什么？"我说："我什么也不需要。谢谢你。"她笑说："接待你太简单了，几口蔬菜就够。"

将要回国的时候，韩素音让我陪她去商场买东西，我问她要买什么？她说："你帮我看看。"逛了半天，她问："你看什么东西好？"

我说："你需要什么，买什么。如果不需要，东西再好买了也没用。"最后，她选了一个红色小皮包，问我："你看怎么样？"

我说："很轻巧，挺实用的。"她说："就买它吧！"即刻付了款。我回国向她告别时，她拿出了那红色小皮包，说："这是给你买的。"

我不肯收，说："留你自己用吧。"

她坚持送给我，说："带回去留个纪念吧！"

这小小的皮包，在我身边30年，皮包虽小，却盛满了真挚的友谊。

韩素音在中国熟识不熟识的朋友有多少？谁说得清呢？但韩素音在心中都是真诚面对的。

她曾出钱选送多人去英国留学，王炳南同志的夫人姚淑贤大姐就曾多年帮她管理这笔基金，辛苦地义务劳动着。

曾记得：冰心奖创办初期，为了答谢燕山石化企业给予的捐赠资金，雷洁琼老师和韩素音亲自出面去远郊厂区访问，并参观厂办小学和幼儿园，慰问教师和孩子们，石化企业的领导海燕同志全程陪伴我们，我准备了玩具、图书，还有一把二尺多长的素面巨扇，代替签名簿。韩素音兴致勃勃地和海燕同志交谈。海燕同志的父亲也是燕京大学的校友，这使两位老人倍感亲切，欢声笑语不断。韩素音和雷老师从一大清早出发直到傍晚才回，我几乎是精疲力尽地勉强支撑下来，真难为二位高龄老人了。

韩素音为中国的公益事业东奔西跑，花费了多少心血？"中外科学基金奖"、"彩虹奖"、"中印友谊文学奖"……凝聚了她对中国的一片真情，怎不令人敬佩！

韩素音的晚年是寂寞的，独自一人居住在瑞士，年节的日子里甚是凄凉。通电话时她反复问："记得我的地址吗？没有改变。这里和北京时差7小时，打电话不方便，你写信来！"

可我写了中文信，又有谁读给她听呢……

朗朗笑声犹在记忆中回荡,如今她已是隔世的人了。但愿在另一个世界里,她能和冰心、雷洁琼诸多老朋友快乐地相会。

瑞士洛桑 0041 原 21 原 616 原 4980 这个电话号码,不再传送韩素音的声音,只留在电话簿里,记录着她曾经的岁月。

37. Montoie Lausanne100 > SwitzerLand 这个地址,不再接收她的信函,但会留在历史里,著名英籍华人女作家曾在这里度过她的后半生,她的许多作品,从这里走向了世界。

2012 年 11 月 6 日于竹园

《植树·种草》梦幻曲

1949年新中国成立前,召开了全国文代会,成立了中国作家协会,设立了儿童文学组,由冰心、张天翼任组长,金近负责具体工作,带领十几名文学青年学习文学创作。这个组的活动很像家庭聚会,冰心总是亲自沏好了茶水,捧给每人一杯热茶,让大家心里感到暖融融的。天翼同志以他惯有的诙谐风格,漫谈式地引导大家热烈发言,于是,关于文学的各种题目,都会抒发出来展开热烈讨论。

有一次,金近说:"能有个刊物就好了。"

冰心立刻响应:"这个想法很好。办个文学刊物,读者是少年儿童。让孩子们从小儿接触文学,懂得文学。"

有人说:"现在为孩子办份纯文学刊物,恐怕不容易吧?"

冰心笑说:"你看那小草,在路边、石头缝儿里、墙根、屋顶瓦楞上,只要有指甲那么大一点泥土,它就能生长。先是一棵,扎下了根,很快就长出两三棵,然后就是一丛丛的。我们要植树,种草,几年、几十年,就会长成一片绿呀。青草,根连着根,生命力可强呢。荒滩、沟边河岸、山脚路旁,只要有草籽儿丢下,就会冒出绿芽儿来。"

天翼同志说:"但愿小草长得茂盛,小树能成林。"

冰心说:"咱们争取呀!哪怕只有一花盆儿泥土呢!"

金近说:"如果有个刊物,我自愿去编……"

"好!……"会议室里嘻嘻哈哈地热闹起来。

天翼同志幽默地说:"画饼充饥,感觉也相当不错呢。"

冰心说:"美梦有时也能成真!"

金近说:"如果办个刊物,将来说不定能发行一百万。孩子读者多嘛。"

我说:"谁能赶上庆祝儿童文学的刊物发行百万,那可太幸运了。"

冰心笑说:"有可能那幸运者会是你呢!"

"我?!……"我惊呼一声,傻乎乎地张着嘴大笑。

我觉得这些写儿童文学的作家,太喜欢幻想了,简直都像小孩儿一样。刊物还没影儿呢,就梦想着发行百万,真逗。不过,盼着有份刊物,毕竟是好事。

直到1963年,在极端艰难的岁月里,《儿童文学》月刊却顶着风雨破土而出了,真是个奇迹。

1960年,是饿死人的年代。茅盾先生——这位德高望重的老人,受到全文艺界尊崇的前辈,以年迈多病之身,在公务繁重、时间紧张,而且文化思想领域正承受巨大压力的情况下,却排除万难挺身而出,认真阅读了全国出版的少儿图书和报刊上发表的儿童文学作品,于1961年6月23日写出了一篇长达两万字、令文坛震惊的评论文章《六〇年少年儿童文学漫谈》,明确指出当时的创作状况是:"政治挂了帅,艺术脱了班,故事公式化,人物概念化,文字干巴巴……"并尖锐地指出,"1960年是少年儿童文学理论斗争最热烈的一年,然而恕我直言,也是少年儿童文学创作歉收的一年。"还直言不讳地写道,"1960年最倒霉的事,是童话……"

茅盾先生还针对1960年对"童心论"等的批判,大胆评述:"六〇年所进行的少年儿童文学理论的争论,这一场大辩论(几乎所有的中央级和省级的文学刊物都加入了），有人称之为少年儿童文学的两条道路的斗争……""我们的办法真有点像欧洲的俗语：泼掉盆中的脏水却连孩子都扔了。"茅公给了当时的儿童文学一针强心剂，使其绝路逢生。

什么是权威？这就是权威。敢于在凶险的狂风巨浪中引领大家走出灭亡的智者勇者。

在中国儿童文学发展的历程里，茅公以他的

▲ 茅盾

远见卓识和坚持真理的大无畏精神，扎实深入的工作态度，在儿童文学园地里开荒播种辛勤耕耘，老人像坚实的大树，为作家们遮风挡雨并洒下浓荫。

狂风暴雨即将来临的前夕——1963年10月，《儿童文学》创刊。我因被划过右派，已和所有的报刊断绝了联系。而金近去主编《儿童文学》，却主动向我约稿，在第二期发表了我的童话《金花路》。

在那严酷的年代里，让我的名字出现在新创刊的刊物上，要承担多大的风险啊！

1966年春，"文革"开始，只有两年多的《儿童文学》和全国所有的文艺刊物一起消失了。

"文革"结束，1979年我得到平反恢复了党籍，重回北京作协创作岗位时，儿童文学界召开座谈会，还在讨论："童话这种儿童文学形式，能否允许存在？……"

可见《儿童文学》出生和成长的环境。

《儿童文学》复刊后，发表了我的散文《未来的路更长——记科学家李四光》。从此，联系就延续下来。

八十年代、九十年代，《儿童文学》发表了我的童话《唱歌儿的金种子》《会飞的小鹿》，成为这时期我的代表作。

21世纪,《儿童文学》发行百万,编辑约我为此事撰文,真是感慨万千。

记忆像一条斩不断的河流,多少往事一一浮现,前辈们的音容笑貌仿佛就在眼前。他们的愿望和期待变成了现实,构成了一段寓言式的传奇故事。

2009年中秋节于绿园

◀ 叶圣陶
1926 年摄

▲ 茅盾

▲ 叶圣陶

▲ 吴作人与夫人萧淑芳参加冰心奖颁奖会

八十年代前我从未想过能有机会认识久已崇敬的吴老。

1983年,我的童话《花孩子》获奖,没有奖杯奖牌,却奖给我一件非常珍贵的纪念物:吴作人老人题字的墨宝"育苗园丁"。这真是令我激动万分,几次想写信表示感谢,但觉得吴老是艺术大师,不该让一封感谢信占去老人那非常宝贵的时间,就只在内心深处默默地表达我真诚的敬意。

1990年春韩素音来北京,当时商量,"冰心奖"几个字请吴作人老人题写,将来刻在奖杯的底座上。为这事我有幸专门去拜访吴老。

华侨公寓庭院幽静敞亮,北楼西门东侧一楼的住房,窗外绿树葱茏。叩开2号门,萧淑芳老师迎了出来。走进客厅,拜见吴老,老人那慈祥的笑容、亲切的语言,令我十分感动。除了在冰心老人家,我在任何名人面前从未感受到这样的亲切自然,轻松愉快。吴老的谈话,时而带有诙谐幽默的妙句。我忍不住笑出声来,吴老自己却不笑,只是平静地讲说。提出请吴老题字,吴老立刻答应下来,令我更是感动。告辞时,吴老和萧淑芳老师送我到庭院里车门前,我双手合十向二老拜谢,二老慈祥的微笑永远刻印在我的记忆里。大师的心灵纯净如水晶,真挚如儿童,这是我第一次见到吴老的印象。

我未曾打电话问吴老题字何时写好。老人实在太忙了,实在不敢催问,心想过一两个月再写信问问。谁知不到一个星期,冰心老人打来电话,说吴老的题字已经写好，让他的外孙女送到她家中了，让我去取。

吴老题写的"冰心奖"几个大字。苍劲有力，真是难得的墨宝。望着这珍贵的题字，我心中久久不能平静，老人对儿童倾注了多么深沉的爱。

吴老萧老答应任冰心奖评委会副主席，这也十分难得。首届评奖初选的画册图书拿给二老看，二老看得很认真。吴老看一本精美的画册，说："这画面上兔子的形象是学美国的。儿童画应注重儿童情趣，形象要自己创造，形成自己独具的风格。"

首届冰心奖颁奖大会在人民大会堂举行，吴老和萧老都参加了，并亲自为获奖作者颁奖。那次，我们还请了一些先进企业领导来为获奖者颁奖，由少先队员向支持冰心奖的老前辈们献词，向企业代表献礼并表示感谢。散会时，送二位老人离开会场，只怕老人累了，吴老却高兴地说："会开得活跃。值得借鉴。"

1997年中央电视台新闻联播传出吴老逝世的消息，我一下惊呆了，手中的茶杯失手落在地上。心想，萧老师的心脏做过手术，如何经受得住呢？电话总打不进去，想来海内外吊唁的电话很多。第二天到吴老寓中，只见客厅设立的灵堂已摆满了花篮花束，电报电话不断。吴老的遗像凝望着前来吊唁的人群，寓所显得更狭小了。小小的客厅，吴老接待过多少海内外友人，谈论艺术，教诲学子，留下多少精辟的见解，筹划过多少艺术活动，为艺术事业倾注了多少心血，寄托了多少希望。如今，这里成了祭奠吴老的灵堂，思念和着泪水，崇敬伴着哀伤，在这里默默地悼念吴老。

萧老师亲笔书写的挽联挂在吴老的遗像两侧：

艺术有我师从造化夺天工　人生无我鞠躬尽瘁育桃李

一代艺术大师，中华民族的精英，以他毕生心血完成的艺术成果，成为祖国艺术圣殿的基石。

▲ 吴作人老人参加冰心奖颁奖会

▲ 祝贺许德珩老人百岁寿辰

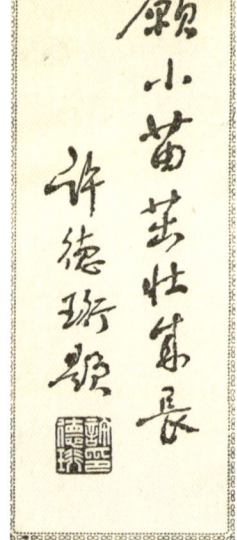

▲ 许德珩老人百岁生日照片

亲切的祝愿

许德珩老爷爷，今年九十四岁了。

老爷爷读了多少书？

青年时代，他去法国勤工俭学。回国以后，他是北京大学的教授。他的记忆是一座小图书馆。可是，老爷爷每天还在认真地学习。读书、看报、阅读文件……好像他有永远学不完的新课本。

老爷爷走了多少路？

他投身五四运动，参加一二·九游行，迎接新中国成立，欢呼三中全会的伟大胜利……老爷爷从一个又一个新的起点，精神昂扬地奋勇向前，从不停步。

老爷爷怎样珍惜时间？

第一班公交车开出来，是清晨五点半，天刚黎明。老爷爷却是每天五点钟就起身，散步、活动。然后静静地坐下来，头正、身直、手不颤、笔不抖，一笔一笔书写大字，直到写得满身大汗，这才放下大大小小的毛笔。饭后，写文章，读书，参加各种会议……几十年如一日，坚持学习，坚持锻炼。

节日的祝愿送给谁？

老爷爷的时间是很紧张的。繁忙的社会活动，记述珍贵的回忆录，每一分钟都很宝贵。可他不曾忘记千千万万的少年儿童，在迎接八四年春节的时候，老爷爷首先写下："愿小苗苗壮成长！"把亲切的祝愿，送给可爱的小朋友们，作为节日的礼物。

《北京日报》1984年1月29日第3版

祖国期待着你们

1984年为迎接六一国际儿童节,许德珩老爷爷挥笔题词:"愿少先队员为祖国的未来做贡献。"表达了革命前辈的关切和希望。

许爷爷今年九十四岁了。为了祖国的未来,为了革命的胜利,许爷爷艰苦奋斗了几十年,经历了千难万险,走过了坎坷的道路。许爷爷的革命活动,是一本生动的革命历史书。

许爷爷1890年生于江西九江,少年时代就受民主革命思想影响,青年时代参加了辛亥革命。1915年考入北京大学后认识了李大钊同志。1919年五四运动爆发时,他作为北京大学学生会的负责人,和十三所大中学校几千名爱国师生,高呼爱国口号,英勇地和军阀卖国政府派来的军警展开了激烈的搏斗,并在天安门前举行盛大集会,通过了他亲笔起草的宣言书。会后,浩浩荡荡的游行队伍,经过东交民巷外国使馆区,冲进了卖国贼曹汝霖的住宅赵家楼,痛打卖国贼章宗祥,放火烧了赵家楼。他和许多同志一道被捕了。怀着满腔怒火,他写下了诗句:"未雪心头恨,而今作楚囚。被拘三十二,无一怕杀头。痛殴卖国贼,火烧赵家楼。除奸不惜死,救国亦千秋。"在全国愤怒声讨卖国贼的强大压力下,被捕的爱国学生全部获释了。他又和爱国学生代表们南下到济南、九江、武汉、上海等地进行革命宣传。

五四运动以后，许爷爷去法国勤工俭学，苦读苦学六年，1927年1月回国到达广州，在黄埔军校任政治教官。广州——这座革命的城，深深刻印在许爷爷的记忆里。后来，许爷爷在中山大学教书，鲁迅先生就住在他的屋子对面，从此他们结成了好友。许爷爷还记得鲁迅先生的一句话："救救孩子。"半个世纪过去了，新中国像巨人屹立在世界上，千千万万的小朋友，幸福地生长在红旗下。

　　革命老人追忆往昔，心情激动地说："红领巾，烈士的鲜血染成。少先队员们啊，要时刻记着：'祖国期待着你们！'"

《少先队员》1984年6-7月合刊

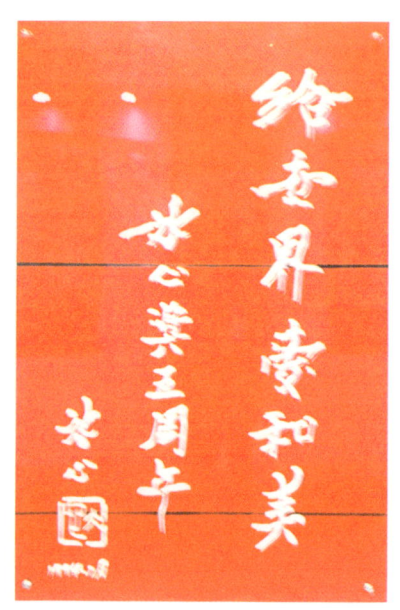

◀ 杨沫在冰心奖颁奖会上

▲ 杨沫出席冰心奖颁奖会

▲ 50年代老舍在书房

▲ 抗战时期的老舍

▲ 叶君健

▲ 与叶君健及夫人苑茵

▲ 丹麦报纸刊登的《野天鹅》剧照,葛翠琳编剧

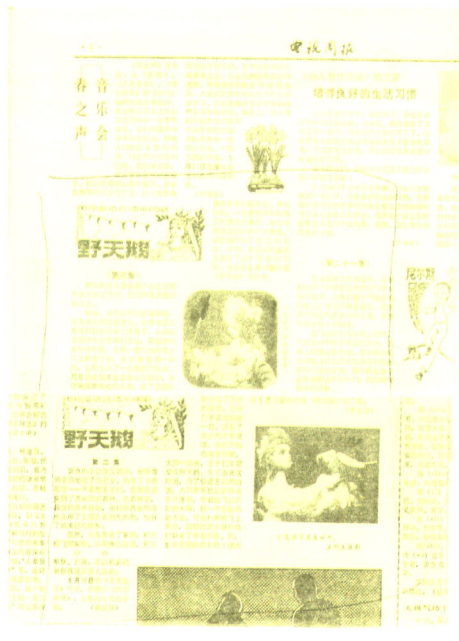

▲ 在东北儿童文学讲习班和肖平与小读者交流

◀ 儿童文学作家黄庆云

▲ 与叶君健一起为湖南儿童文学讲习班讲课

▲ 陈伯吹先生评葛翠琳作品

> 这个丛刊还发表了两篇童话：《翻跟斗的小木偶》是长达两万五千字的中篇童话，颇有思想哲理和教育意义的童话，通过小木偶聪聪怎么样会变成新木偶明明的事迹，以及它的制作人、小主人，善良和蔼的伴侣们的共同遭遇，让读者有所警惕，注射了"防疫针"。直到现在为止，世界上还有"阴阳脸儿"的人，而且由于他的假装、伪善，都以为他是个热心肠的好人。世界的动乱，人民的痛苦，他就是个祸根子。这篇童话写的是个大主题，从现实生活中来，却通过幻想的内核表达出并不存在的假想故事，但实际上却是存在的。谁说童话的幻想不是植根在现实的土壤之中、从生活中来的？这篇童话的写法也有点别致，它象写小说那样地写的，但仍然是幻想性的童话。安徒生、王尔德写童话也经常是这样写的，尤其是后者，评论家 说他 写的是"童话体的小说"。

◀ 广东儿童文学讲习班

　　陈伯吹、郭风、肖平、蒋风、洪汛涛、葛翠琳一同参观荔枝乡

◀ 与陈伯吹、肖平和小朋友座谈

◀ 与叶君健及夫人苑茵，还有任溶溶先生

◀ 90年代与宗璞在冰心创作展览会上

▲ 宗璞家燕南园

▲ 与宗璞和端木蕻良合影

▲ 与李惠薪参加讨论

▲ 参加中国作家代表大会

▲ 与女作家函子走出会场

◀ 1994年葛翠琳作品研讨会，管桦、宗璞、金波等作家发言

◀ 与张秋生畅谈

◀ 与金波参加出版社研讨会

◀ 与肖平、胡景芳参加东北儿童文学讲习班

小巴掌童话，如诗、如画、如歌。

它以美的形象、美的意境、美的语言，吸引、感染小读者，给予小朋友们快乐、温馨、智慧和信心。

从小作者心灵深处涌流出来的爱，使小巴掌具有神奇的魔力，拍出一个个真善美的小童话，引起孩子们心灵的共鸣。

这是儿童文学园地的骄傲！

祝秋生同志创作继续丰收！

葛翠琳

1998年4月17日

白发老爷爷为小朋友写的快乐的诗和有趣的童话，像闪亮的星星，在孩子们的梦中闪烁。

祝贺永远不老的任溶溶老人创作成功！

葛翠琳

1998年4月17日

▲ 和张洁在一起，就像美妙的梦境。一位小天使在身旁，不由得忘了一切……

▲ 上海作家张洁为葛翠琳八十岁生日所绘卡片

闻喜讯，祝贺敬爱的葛翠琳老师！

印象深刻——您的作品：

《野葡萄》、《会唱歌的画像》、《十八个美梦》、《蓝翅鸟》、"北京传说"童话系列……

一个又一个主人公在成长的过程中，积极向善、追求正义。他们的精神世界越来越丰富和美好。他们也把来自于这份丰富和美好所凝聚成的力量带到人间，播撒在广袤的大地上。

浅显的文字，通畅的叙述，富有节律和画面感的语句，精湛地传承和再现了中国语言文字的神韵。

在我心目中，它们是文学作品，也是艺术品，散发着我国特有的风土人文气息。

印象深刻——您的话语：

在作品里，您写："世上友情最珍贵，那是心连着心的温暖，懂得珍惜友情才是幸运儿。""只要是从心灵深处涌流出来的歌声，不论它是明亮的还是沙哑的，高亢的还是低沉的，充满真情，就是动听的歌声。"

在生活中，您说："一些默默无闻的作者，有的还住在边远、贫困的地区，勤奋写作，我们一定要尽力帮助他们，给他们机会。"您说："女作者格外不容易，我们要特别爱护和关心她们。"

作为一名文学爱好者，我在您的作品中获得愉悦和教诲。作为一名默默写作的人，我从您的话语里聆听到永远美妙的圣诞铃声。

印象深刻——您的身影：

1997年盛夏，中国作协和《儿童文学》刊物在鲁迅文学院举办第一届全国儿童文学青年作家讲习班。有一天，您来讲课。您给我们谈写作，谈自己的创作思考……清晰的思路、活跃的思维、精到的理念，像一朵奇异的花儿在我们几个女生的心底开放。课后，我们依旧长长地欣喜。

2007年夏天，鲁迅文学院第六届中青年作家高级研讨班，我再度见到您。听您说印象深刻的作品，有幼儿图书，有少儿长篇小说，有某个作家的创作特色，也有国外的绘本和成人作品……我惊异您的阅读之广，记忆力之好，也敬佩您的感悟和敏锐。

"一颗不想索取，只想着给予的心，总是快乐的。"这是您的得奖之作《山核桃》里的一句话。我想，它正是您的人生境界。

我，相信还有其他伙伴们，都一次次地深深感受到和看到您对我们、对他人的关爱和帮助，特别是您悄然对于同性的体恤，以及所给予的默默的心灵呵护——我感动地写下这个印痕，满怀敬意，它令我受益一生！

深深感谢您。

衷心祝贺您。

为您——祝福。

张洁（上海）敬上

2009年6月

▲ 1990 年迁入新居

▲ 90年代主持冰心奖颁奖会

▲ 在葛翠琳作品研讨会上（1994年10月19日）

▲ 90年代摄于书房

童话梦

寻觅、发现、追求、实践，
艰辛的路上伴随着快乐。

碧青的小草，没有谁注意它，默默地染绿了高山大地。
小小的花蕾，没有谁注意它，悄悄地绽开花瓣儿结出丰满的果实。
滴滴清泉，没有谁注意它，静静地流下山崖注入奔流的大河。
小小的笋芽儿，没有谁注意它，匆匆地长成挺拔的竹林。
出壳的小鸟，没有谁注意它，逐渐地学会了歌唱。
它们的生命很平凡，它们的足迹很一般，它们心中充满快乐。
它们把美带给世界，它们把爱带给人间，它们在大自然中创造奇迹。
它们有温馨的梦，它们有奇特的幻想。小草梦着为蝈蝈儿准备露天演奏舞台，泉水梦着摇那闪光的星儿入睡，花蕾梦着托住清凉的露珠，笋芽儿梦着伸向蓝天牵住飘荡的白云，小鸟梦着献给森林动听的歌，每个梦，都是美丽的童话。
小孩子喜欢童话，小孩子寻找童话，像捉迷藏，小孩子在任何事物中都能发现童话。
快乐中藏着童话，忧伤里藏着童话，幸福中藏着童话，痛苦里也藏着童话。

童话无所不在。

童话在生活里，童话在幻想里，童话在大自然中。

孩子的心灵是童话的世界，孩子在心中创造童话。

孩子的梦在童话里，童话中保存孩子的梦，童话和梦融在一起。

小孩子对着花儿微笑，对着小猫讲话，哄绒布小兔睡觉，倾注一颗真纯的心。小孩子生活在童话里，童话和生活融在一起。

童话像清甜的乳汁，使纯洁美好的情感扎根生芽。扎根在心中的童话之树，不会枯萎。

贫苦的童年，拾柴、刈草、捡庄稼、抓泥鳅、挖野菜，我从大自然里感受到许多没有语言的童话。

老祖母日夜守着纺车，把白云般的棉团纺成丝一般的细线，嗡嗡的纺车转动声中，老祖母讲述荷花仙子、人参娃娃、山神树精、狐仙水妖、海龙王、土地爷、神盒、魔棒、奇妙的咒语……像随风飘落的草籽，撒在我幼小的心田里。

双目失明的祖父，摇晃着白须白发，吟咏背诵古诗文，讲说杨门女将、花木兰、岳家父子、文天祥……苍凉的声音满腔激情，像战鼓咚咚，震动着我稚嫩的心灵。

生活在黑暗中的老人，能用双手从书页中摸索出他朗诵的篇章来。慈爱的祖父，在他看不见丝毫亮光的茫茫世界中，点燃了我心中的光焰——对书的渴望。

我感悟到：幻想的基础是现实。童话植根于生活。用童话的形式反映现实，似乎路子更宽广，形象更丰富生动。极度夸张引人发笑中蕴含着血与泪的哲理。童话像一面变形的哈哈镜，折射出人生万象。透过童话的奇特世界，小读者了解复杂的社会，并识别人的各种假面壳。童话像平静的湖水，倒映出梦境般的美丽画面。古今中外的童话书曾被烧毁，化作片片纸灰，而留在心中的童话却抹不掉，它的生命力非常顽强，因为童话是美的化身。

我在童话中也表现丑恶和卑劣，那是为了使人们更热爱美好的一切，而不是展览丑恶。

童话是美的。美的形象，美的意境，美的语言，美的心灵，它创造了美，并把美滴注在人的心灵深处。

孩子需要美的世界。

孩子的童话世界消失了，孩子的生活是寂寞的。

童话点缀着人生的荆棘路。成年人丢弃了童话，自以为变聪明了，而忙忙碌碌的生活里却充满了苦涩。

小孩子看着彩色的气球不断胀大，忍不住欢呼跳跃，又为气球的突然爆裂伤心地大哭，成年人觉得小孩子很傻很可笑。而成年人对丢失的权力和地位伤心痛苦，难道那不是转瞬间破裂的彩色气球？童话属于孩子，也属于成人，荒诞的童话世界里包含着深刻的人生哲理。

我爱童话。童话伴随着我，我和童话融在一起。寻觅、发现、追求、实践，本身就是快乐。

我一生编织童话梦。老了，还常常沉浸在幻想中。我在现实中寻找童话，也努力使童话变成现实。冰心奖就是一个变成现实的童话梦。不论世界如何变幻，孩子的真情是最珍贵的。童话，使我贴近孩子们。孩子的心灵，是爱的泉源，永不枯竭。这是人类的幸运。

尽管人生之路坎坷艰难，我对世界充满了爱。

妈妈带着我采集野草药、马齿苋、菟丝子、锦灯笼、枸杞子、青蒿叶、侧柏叶、薄荷叶、紫苏叶……每种药草都有迷人的传说。布谷鸟鸣叫、喜鹊造窝、寒号鸟悲啼……都有动人的民间故事。妈妈在治愈孩子的病痛时，也把美丽的传说留在我的记忆里。

当我抱着石板石笔去上学的时候，启蒙老师在破庙改成的教室里，为赤脚破衣的学生朗读《丑小鸭》《海的女儿》《白雪公主》《灰姑娘》《快乐王子》……温柔甜美的声音，把一颗颗幼小的心灵带往广阔的世界，游览真善美的境地。可爱的教师把书中的文字变成了语言，让我们在刚刚识字的时候，就知道了那么多文学作品，让偏僻农村的孩子，记住了安徒生、冰心、叶圣陶……

从蹒跚学步、识字阅读开始，我永远挚爱的人们就领着我寻觅童话、咀嚼童话，把美妙的童话放在心灵的祭坛上。

当我开始写作的时候，就把童话捧给可爱的孩子们，让小读者感受我童年时代感受到的快乐。

孩子们读我写的童话，我感到幸福。在童话里，献出我的爱、我的希望、我的祝愿。

有位小朋友曾为我的童话《金花路》画了一幅插图。一条开满金色花朵的小路，弯弯曲曲通向远方，最后到达孩子的心里。这幅儿童画是珍贵的礼物，它倾注了孩子纯真的感情，我把它珍藏起来，刻印在记忆里。

我一生最大的幸福，是和童话相依为伴。

在那严酷的年代，身陷灾难中时，童话里那助善惩恶的美丽仙子，悄悄地闪现在脑海里，给予我安慰和勇气；伤心绝望时，那许许多多弱者战胜暴君的童话情节，时时涌现在心中，给予我希望和力量。

在童话里，弱者总是战胜邪恶的强者，真善美最终会得到胜利，它给予人一种精神力量，顽强地坚持下去，期待着未来，即使肉体消失了，那执着的期待还留在人间。当现实非常残酷时，受伤的心可以默默地幻想着，沉浸在别人无法窥探的童话世界里，寻觅美的画面。仿佛在梦中，一个外界力量不能进入的秘密王国，隐藏在心中，只有自己知道，现实中的人却无从发现它，也无力摧毁它，惩罚它。

▲ 2000年迁入现代城新居留影

▲ 在中国作家代表大会会议上

代表作《野葡萄》

《野葡萄》介绍

作者葛翠琳于1956年创作的童话《野葡萄》，最早在《人民文学》杂志发表，同年由北京出版社出版《野葡萄》童话集，以后又出版了连环画版本、彩绘本及幻灯片等，还选入各种儿童文学选集及童话选集中。1980年第二次全国少年儿童文艺创作评奖《野葡萄》被评为一等奖，并译成英、法、德、俄、日文。法国、日本、泰国、俄罗斯等都有相关评论和介绍。拍成的电视片于1986年在慕尼黑电视节获青少年电视节目奖。80年代以后《野葡萄》出版的各种文字版、绘本版、彩图版等有近百种。

《野葡萄》的主人公"白鹅女"被列为"影响中国童话的十位童话明星"之一。白鹅女双目失明后渴望光明，不畏艰险寻找光明，找到野葡萄双目重见光明以后，又把野葡萄带给更多的盲人。这个故事受到广大读者的喜爱。《野葡萄》不仅是作家的代表作，也成了新中国成立初期中国童话创作的代表作之一。

葛翠琳主要创作童话，短篇、中篇、长篇童话都曾获奖，文学界称赞她的作品"是一种艺术化了的大文化背景下凸现出来的，具有现代意味的童话式民族史诗"。

《野葡萄》受到各国读者的欢迎，它被认为是"具有浓郁的中国特色又和世界儿童心灵相通的作品"。

作品解说

是谁在中秋节晚上孤零零地坐在河边？原来是放鹅的小姑娘白鹅女。没有亲人，只有一群白鹅陪伴她。她凝望着月亮，眼睛里涌出泪珠。

白鹅女是孤儿,婶娘让她日夜在河边守着鹅群。婶娘有个瞎女儿,听到人们常夸赞白鹅女眼睛很美丽,婶娘很恼怒。中秋夜婶娘来到河边收鹅蛋,白鹅女请求回家,她却把沙子揉进小姑娘的眼睛里。白鹅女什么也看不见了。

白鹅女渴望光明,历尽千难万险,在深山采到野葡萄吃进去。呀,她看见满山崖闪光耀眼的野葡萄!山神愿把无数珍宝给予她,但她只带着野葡萄离开了深山。她走了又走,把野葡萄送给许多盲人,让他们看见了美丽的世界。

▲ 外文报纸刊登《野葡萄》获奖情况及相应译文

1988

Le Prix International de Genève
The International Book Award

ANITA HARPER
JUST A MINUTE

pour la manière facilement
compréhensible avec laquelle
il aborde le thème du temps.
*for the easily understandable way
in which it handles
the theme of time.*

ANA MARIA MACHADO
*PALAVRAS PALAVRINHAS
PALAVROES*

pour son originalité et
son intelligence.
*for its originality
and intelligence.*

Mention d'honneur
Mention of honour

Signalés par le Jury
Selected by the Jury

FUN de **JAN MARK**

Le Jury souhaite que
chaque enfant puisse offrir
FUN à ses parents.
*The Jury would like to see
every children give a copy of
FUN to their parents.*

YEPUTAO de **GE CUI LIN**

pour le soin avec lequel il respecte
l'authenticité culturelle
de son pays.
*for the cultural authenticity
of its setting.*

▲ 瑞士的杂志介绍《野葡萄》(右下)

▲ 法国出版绘本《野葡萄》选用的画面

会飞的小鹿　　筇翠琳

像闪电耀亮夜空，像流星滑落山谷，像雄鹰在云海里俯冲盘旋，像神马在峻岭上勇猛奔腾，如疾风似箭，仿佛光的闪烁流动。静静的深山里，飞鸟、群兽、都伸颈远眺，凝望着那天边的奇迹：一只会飞的小金鹿，飞过一道又一道山涧，跃过一座又一座险峰……

树叶不摇，草茎不抖，连浮云也凝住不动。鸟儿不鸣，群兽不响，蜂蝶也悄悄地停落在花丛。

可爱的小金鹿，小小的蹄子上有飞轮？瘦瘦的脊背上有神奇的双翼？……鸟兽们惊愕震动之后，是响彻群山的欢呼声。花儿微笑、大树点头，草丛拍手，绚丽的彩霞映照着欢乐的群山，谛听着峰谷的回声。活泼的泉水弹奏着激动的乐曲，托着艳丽的花瓣儿向前流去，仿佛美妙的梦境……

赞美，感叹，羡慕，尊敬，荣誉，信任，连成看不见的花环桂冠，抛向远在天际的小金鹿，呼唤着它追随着它，笼罩着它。但可爱的小金鹿却只是全力以……

▲ 手稿（局部）

瞬间（小童话三篇）

一、金色的~~生命~~小鱼

一条狭长的溪水，清澈明亮如镜子，映出蓝天浮云，晃动着树枝的倒影。太阳洒下的光焰在水中荡漾，鱼儿在水中戏嬉游玩。一片飘落水面的绿叶，引得鱼群围观追逐，也吸引了孩童们观看欢呼。

水中的鱼儿很小，只有手指般长，有黑色的、黄色的、斑点儿的，其中一只金色的最是耀眼，它那小小的尾巴摆动着，在水流中闪~~耀~~烁着火星儿般的亮光。

欢声笑语让水边洋溢着快乐和安详，鱼群在孩子们的围观下随意地游来游去，在水波中活泼地转身摆尾，撑碎了水中的白云倒影，掀翻了漂浮的绿叶，水面漾起一圈圈波纹。

那金色的小鱼最活泼，像~~剑~~箭儿似的向前冲出一条水线，又像陀螺般旋转出一圈水涡，灵巧的鱼尾似风车般摆动不停，嘴里时而喷吐出一串串透亮的水泡，看来它很快活，自由自在地享受着清水的流荡、阳光的温暖和明亮。生活在大自然里多么美好。

这时，一个在水边玩耍的孩子脱了鞋，光脚丫蹚进流水中，水面只达到他的膝盖，他很容易走~~了~~近鱼群，只那么伸手一抓，就抓住了那条金色的小鱼。

旁边的孩子们欢呼起来，抓鱼的孩子兴奋地攥紧了小手，急匆匆奔向溪水边一块石板上，小伙伴们纷纷围拢过来，呼叫着，嬉笑着，急切地望着那抓鱼的孩子放开了手。

闪光的金色小鱼，落在了石板上，但小鱼只摆了两下尾巴，就再也不动了。

孩子们把金色的小鱼翻过来翻过去，不见小鱼动一下，又无奈，就把它重新放回溪水中。但小鱼静静地躺在水面上，就像那漂的落叶，静止。

凝望着那条不再游动的小鱼，孩子们欢笑嬉戏的声音，戛然停止。

小鱼的眼睛久久仰望着天空，仿佛在问：为什么？……

天空沉默不语。

▲ 手稿

二、远去的银灰色的小鸟儿

草地上伫立着一棵大树，是枸树。结出的果子红艳艳，像草莓般大小，象樱桃样圆润，阳光照耀下恰似树枝上挂满了红宝石，常常引得见人们树下观望，也招来鸟儿啄食。

每天，飞来一群鸟，全身灰色像鸽子，长长的尾巴却像飞燕，鸟身大小又像麻雀，红脖儿、尖嘴、鸣叫的声音像苇笛，清脆又响亮。

灰鸟飞来停落在枸树的细枝上，先在火红的鲜果周围跳来跳去，飞上飞下，鸣叫、啼唱，仿佛载歌载舞地赞美不已似乎要对这耀眼的果实欣赏个够才品尝它的美味。灰鸟享用了红果以后也不会立即飞走，还要伫留在树上很久，有时攀在树枝上荡秋千，有时在绿叶间钻来钻去捉迷藏，有时还在叶隙间的光点上跳跃捕啄，或者迎向阳光梳理身上的羽毛。

阳光、清风、绿叶、红果，融入灰鸟快乐的歌声飞舞中，天地间充满了宁静温馨的气氛。

嗖的一声，一颗子弹射向树顶，忽啦一下，惊飞了树上的鸟群。子弹虽是塑料的，但对小鸟来说却足够致命。大树上刹时完全寂静下来。

天空还是那么蓝，阳光灿烂，树上的红果闪光耀眼，但惊魂的一瞬，让鸟儿胆战心惊，鸟群毅然远飞而去，不再回来了。

清风吹过，枸树伤心地抖震动枝叶，火红的鲜果坠落地

▲ 手稿

面,仿佛一滴粒粒血泪珠。那红膛儿、长尾的银色小鸟儿啊,只有在思念中才会出现了。

葛翠琳山林童话·核桃山

葛翠琳山林童话·栗子谷

三、~~未来的甜果~~ 白色的小花儿

　　山坡上有一棵果树，那是一位看山的老人种下的。老人去世了，那树却年年开花（结果），枝繁叶茂。春天，树枝上一片白，像厚厚的积雪，那是一朵朵挤在一起的梨花，舒展白色的花瓣儿，挂在还没长出绿叶的枝头，迎着阳光绽开宁静的微笑。

　　梨树离山脚下小路并不远，也就几十步的距离，路人走过仰面就能望见满树的白花。金秋时节，人们可以随意摘取挂在树上的甜梨，金钟般黄澄澄发亮，咬一口蜜样甜。

　　一年又一年，人们享受着前人留下来的美味，品尝着清凉多汁的鲜果，丝毫没有什么感恩之情。只有一个小孩子仰望着梨树问："这树是谁种的呢？……"

　　一路人厌烦地回答："你只管吃梨就是了。管那么多干什么！这么甜的梨也堵不住你的嘴？"

　　又有一路人说："小囡心，快吃梨吧，吃够了还要赶路呢，路上可没有水喝。"

　　"应该摘些梨，带在路上吃才好。"有人一边吃梨一边说。

　　"好主意。让阿三儿上树去摘。他猴儿般精，善爬树。"

　　"好
▲ 手稿

"好哩！看我的。"

一细高个儿汉子噌噌地爬到树上，忙着摘梨。

"一人两个，够了吧？"

摘梨人双脚踩住一根梨树枝间。

"多摘些个，岂不更好？"

"我的衣兜都全装满了呀！"

"给你这个！"

一个布袋抛向树上，摘梨人抓在手中，挎在肩上。

布袋里的梨子越来越多，摘梨人脚踩的树枝颤颤地向地面屈弯下来。眼看布袋将要装满，突然……

咔嚓一声，梨树枝断裂，摘梨人坠落地面，梨子满地滚散开。美丽的梨树成了残缺之身。

吃梨的人们爆发一阵哈哈大笑。

那孩子手里捧着梨核炫耀地喊叫说："我要种梨树，让梨树结出好多水灵灵的大甜梨。"

大人们看了小孩子一眼，什么话也不说，只顾吃梨，把一个又一个梨核丢在地上。

小孩子挖了几个大大小小的土坑，把地上的梨核一个一个捡在手中，认真地放进土坑里，再用松软的土埋好，想着这里会

▲ 手稿

长出许多梨树来，小孩子满心欢喜，他却没有去想，谁会吃到这些树上的梨。

断裂半身的梨树裸露着伤痕在风中朝小孩子微笑，那是象梨花一样美的心愿。

葛翠琳山林童话·红枣林

▲ 1964年去内蒙古大草原龙梅、玉荣家采访

◀ 1964年去内蒙古大草原采访马背小学

◀ 茫茫内蒙古大草原数十里不见人家,没有太阳的时候,分不清东西南北,马儿和骆驼,却能驮你到达飘着炊烟的蒙古包

▲ 阅读大海的书

▲ 80年代在湖南儿童文学讲习班期间参加少儿活动

高山大海,永远读不完的书

高山、大海,是永远读不完的书。

千千万万的小读者,你们一定喜欢大自然的故事。

高山,永远的沉默。响雷巨闪,狂风暴雨,它巍然不动。乱云在它眼前翻滚奔腾,冰雪封冻它的头颈,更显出它的宁静庄严。

它任勇猛的瀑布冲撞蹦跳翻跟头,它让晶莹的清泉奔流嬉戏。它手上托着小草生长,铺成绿丛丛一片,它肩上扛着茂密的树林,鸟儿在这里筑巢。野兽在洞穴里安家,药草和野花在它脊背上自生自长。万物在这里各得其所,繁衍后代。

它头顶蓝天白云,迎接朝霞,送别月亮;它和星星交谈,和流浪的风握手,亲切问候。

它拥有丰富的宝藏,宝石在它心中闪光,而它从不炫耀。

它的骨骼顶天立地,不屈不弯,它谦虚地屈膝施礼,和大地亲密地紧紧相连。绚丽的色彩中蕴含着朴实无华,巨大的形象展现出平凡的可贵。

高山之巅看日出观云海,瑰丽的景色永远画不尽,高山留下的故事永远写不完。

大海,广阔而深沉,永远不停地运动。它举起滔天巨浪,却和大地紧紧相依。它容纳一切,用浪花轻轻地洗濯,经过认真地筛选,将各种残渣废物抛出。

千万种宝贝珍藏在海底,构成绚丽神奇的世界,它却从不以拥有稀世的财富自傲。老海龟在这里成为长寿长者,小寄生蟹在这里住上舒适的螺壳屋,巨大的鲸鱼傲游海面,苗条的小银鱼随波逐浪玩游戏,海蟹横身行进,海虾跳跃前往，各有各自的秉性。海藻漂浮交错成林，珊瑚着底排列成丛，海灯龙、海胆、海豹、海狮各显其能，海葵、海蜇各展其姿，咸味的海水养育了千千万万的海族生物，海底世界丰富而辉煌。

大海永远挺起胸膛，不气馁，不固步自封。它托着巨轮前进，连接相距遥远的陆地。它和天际相连，构成海上日出日落的奇景。大海，像丝绸一样光滑柔软，但它掀起惊涛骇浪，具有震天动地的力量。

它温柔的手掌，将尖利的礁石拍抚成光滑的石卵，它用汹涌的浪涛将坚固的战舰埋没。

迎着风、迎着雨，随潮汐涨落，追日月脚步，大海变化着，思考着，记录世界的历史，书写宇宙的奥妙。大海的深情构成歌，构成诗，构成画，大海的故事永远讲不完。

高山、大海，人类永远追求的品格。

它们与宇宙同存，与岁月同在，从遥远的过去到无限的未来。将高山大海给予我们的智慧，装进爱的篮子里，捧给纯真的孩子们，是最幸福的事。

愿小读者们追求高山，追求大海，在不懈的追求中，开始自己的人生之路。

我愿和小朋友们一起，认真地读高山、大海的书。

《文艺报》1997年6月24日

第73期第三版

▲ 80年代去青岛参加全国少年儿童夏令营

▼ 1997年参观游览安徽农村徽商故里

▼ 1993年去东北参观

葛翠琳文学创作六十周年座谈会在京举行

本报讯（记者 刘颋）6月6日，儿童文学界和出版界的新老朋友在京汇聚一堂，庆贺老作家葛翠琳从事文学创作60周年和80岁生日。中国作协党组成员、副主席陈建功出席座谈会并讲话。中国作协党组成员、副主席、儿童文学委员会主任高洪波致信祝贺会议的召开。金波、马光复、徐德霞、徐鲁、张明照、李东华、安武林、孙卫卫等50余人参加了座谈会。鲜花、笑脸、一本本散发着油墨清香的新书和插满了蜡烛的生日蛋糕，穿插着一篇篇诞生在不同年代里的童话作品的朗诵……大家共同祝福这位老作家永葆青春的创作活力，分享这位老作家晚年的爽朗、华美和幸福。

从1949年发表第一篇作品长篇儿童故事诗《万百千老师》开始，葛翠琳的创作已经走过了60年的风雨历程。出版了童话集《野葡萄》《金花路》《翻跟头的小木偶》《蓝翅鸟》《进过天堂的孩子》《最丑的美男儿》《比孙子还年轻的爷爷》《一片白羽毛》《会唱歌儿的画像》《鸟孩儿》《核桃山》《栗子谷》《红枣林》和散文集《十八个美梦》、长篇童话《幸运明星》等作品，获得过第二届全国儿童文学创作奖一等奖和第三、第七届全国优秀儿童文学奖。1989年，她与韩素音等人创办冰心儿童文学奖，并一直主持冰心奖工作，为繁荣儿童文学事业、培养儿童文学新人竭尽心力。

与会者认为，葛翠琳的童话有儿童情趣，有心灵色彩，有深沉的文化底蕴和哲学内涵，是对人生的解读、对命运的展示、对世界的艺术表达，也是对民族文化滋养的善的回报。她的不少童话名篇，在共和国几代小读者的心头留下了美好的记忆，丰富了中国儿童文学的宝库。这些作品的"中国风格"和"民族性"源于作家深厚的中国传统文化根底，不仅表现在她童话作品的故事、人物和主题里，也体现在她的结构、语言和意蕴中，是融合在作品文本深处和作家骨子里的品质与情调。

　　座谈会由中国现代文学馆、北京平谷区文委、北京少年儿童图书研究社联合主办。

《文艺报》2009月6月9日第1版

葛翠琳大姐的60年

陈建功

葛翠琳大姐是和新中国的创建同时开始自己的文学创作之旅的。新中国的60年艰难曲折，令我们回忆起来感慨万端。葛翠琳大姐的60年，同样令人唏嘘不已。我曾经作为北京市文联的专业作家，和大姐同在一个党支部，共事长达13年之久。大姐年长我近20岁，但我始终认为我们的心是相通的。我钦佩她历尽沧桑却童心不泯。在我们多年的共事中，我知道她童年艰苦备尝，青年遭遇冤屈，中年难逃劫难，但她直到现在，也没有放弃童话写作。在她的童话中，仍然处处鲜花盛开，闪烁着童真的纯净和想象的异彩。在葛翠琳的童话作品中，永远让人感到爱心有如涓涓的溪水，永不枯竭地流淌。

我钦佩她病骨支离报国激情却永不枯竭。在我的印象中，葛翠琳大姐是瘦弱的，但我永远记得她一次又一次向我讲述邓稼先、李四光、劳君展等人物时神采飞扬的样子。那时我就想，莫非她还要"晚年变法"，除了写童话，还要写这些志士仁人的故事吗？果然很快我们就读到了《"两弹元勋"邓稼先》《卓越的科学家李四光》等等，这些文章，平实、朴素却满含深情，成为新时代小读者们喜爱的精神食粮。

我钦佩她著作等身却永不停止艺术追求的脚步。早在她的名篇《野葡萄》发表时，我们就看到了一个艺术上相当成熟、心灵境界相当博大的葛翠琳，也看到了她在自己的创作中糅合中国童话和世界童话所作的努力。然而她并没有停止探索的脚步。葛翠琳后来的童话中，情感更加醇厚，艺术上也继续进行着不断的开拓，比如夸张和荒诞元素的引入，都使她的新作显示出新的时代特色和艺术境界。在徐鲁先

罗雪村　绘

生为"大师丛书"《葛翠琳卷》写的序言中说，葛翠琳的不少童话名篇，是可以作为全世界儿童共有的童话珍品，进入儿童文学宝库和世界童话史册的。我以为这样说并不过分。

我钦佩她功成名就仍为繁荣儿童文学而不懈奔走的献身精神。因为我不从事儿童文学写作，故而过去对葛翠琳为儿童文学繁荣所做的努力知之不多。到了中国作协工作以后，我才知道，葛翠琳不仅在中国当代儿童文学作家队伍中成绩卓著，而且为繁荣儿童文学事业奔走呼号，苦心孤诣。在冰心先生和韩素音女士的支持下，她从来就是"冰心儿童文学奖"的操作者，从评奖到颁奖，她事无巨细，倾情投入。由于她的努力，"冰心儿童文学奖"已经成为一个具有相当权威的奖项，为儿童文学创作的繁荣，做出了重大的贡献。作为当代中国儿童文学重要作家，葛翠琳60年的创作成就不容低估。

《文学报》2009年7月9日第9版

幸运者的期盼

我很幸运，能赶上迎接新中国成立60周年。

记得1949年10月1日，在天安门城楼下御河桥畔参加新中国成立庆典后，我带领中共北京市委大院的秧歌队从天安门广场出发，经西城、北城、东城。环城游行后回到台基厂市委院子里，市委宣传部第一任宣传部长李乐光同志（李大钊同志的侄子）对我说："我看了你在报纸上发表的短诗和散文。你为孩子们写书吧，过40年，回头看看，会有多少成绩？"

我惊讶地说："40年？太遥远了。新中国今天才建立，还有三个月我才满20周岁呢……"

回头看，60年过去了，我已是80岁的老人。时间过得真快！

童年时代，我在小镇上一座破旧的古庙里上学，下课的时候，大同学在操场上沙坑旁读一本书。书中讲述日本侵略者侵占了东北，一个东北孩子到处流亡，日夜盼望有一天能把日本鬼子赶出中国，重回东北老家去……我们静静地听，眼泪滴洒在沙坑里。忽然有同学跑来，说日本宪兵查学来了。大家惊慌地把这本书埋进沙坑里……

后来，我曾无数次在沙坑里翻找那本书，再也没有找到。

我不知道那本书的书名，也不知道书的作者是谁，但那本没读完的书深深刻印在我一生的记忆中。

那年代集会升旗命令升日本旗，那是最令我们痛心的。小小年纪最强烈的愿望就是：什么时候中国的国旗在全世界受到尊敬？那真是中国人最大的幸福。当奥运会上一次又一次升起五星红旗时，我总是忍不住热泪盈眶。

童年时代虽然贫穷、艰难，但家庭、学校老师、社会培养了我们强烈的爱国心和民族自尊心。都德的作品《最后一课》，老师曾让我们反复朗读、集体背诵，那真是终生难忘。

一个作品在孩子心灵中留下什么，是很重要的。

为孩子写书，写什么？怎样写？这是需要我用一生努力完成的功课。

记得1949年第一次全国文代会后，中国作家协会成立，设立了儿童文学组，冰心、张天翼任组长，带领我们十几名青年作者学习文学创作。活动多安排在晚上，有时大家谈得高兴，散会时已是深夜。我送冰心回家，我们踏着月光边走边谈，我说："我不是中文系的学生，学习文学创作是从头开始。"

冰心很认真地说："我从海外回来，文学创作要写新的人物，新的生活，也是从头开始。"停了一下儿，她又说，"作家要不断地寻找新的起点。"

冰心老人这句话，铭刻在我内心深处，一生不曾忘记。

21世纪的孩子，不同于上世纪50年代，也不同于80年代，作家的知识面需要更新，观念和思维方式也需要更新。作家要不断地寻找新的起点。

多少雨雪风霜，多少泥泞坎坷，但新中国屹立东方，全世界瞩目。能和孩子们一起迎接21世纪，我是幸运者。

为什么创办冰心奖？希望鼓励更多的人为孩子写好书、编好书、出版好书。

冰心老人嘱咐："冰心奖要做铺路架桥的工作。让更多的人从这里走向成功。"

我们牢记冰心老人的话，并希望每一位获得冰心奖的作者和编辑能把荣获冰心奖作为新的起点。

60年的人生历程，闪电般过去了。殷切期望更多的儿童文学作者涌现出来，因为儿童文学事业，是需要集体培育的事业。

感谢出版界的朋友们，国庆60周年之际，我能捧出10本新印的书，作为对祖国母亲的献礼，也作为一名80岁的普通作者，送给孩子们的六一儿童节礼物。

祖国的未来是美好的，孩子们的未来是美好的，为了这，我们快乐地奉献全部心血。

（在葛翠琳儿童文学创作60年及80岁生日座谈会上的发言）

《北京日报》2009年6月16日

孩子・爱心・幻梦成真

▼ 雷洁琼、韩素音、葛翠琳、赵易山和原中国对外友好协会会长韩旭在冰心奖颁奖大会会场

▲ 雷洁琼、刘海燕、陈昌本在冰心奖颁奖会上

▼ 雷洁琼、葛翠琳、赵易山等参加冰心艺术奖音乐会

▲ 雷洁琼、陈济生、葛翠琳在冰心奖颁奖大会上

▲ 韩素音、葛翠琳与赵易山、赵易天合影

我的朋友葛翠琳在她设立比赛少年儿童文学研究社之后，又设立了一个冰心儿童图书奖，这是后她努力毕生事业致我立了这项奖金之后才告诉我的，我完全体会这位终身努力于儿童文学创作者对于儿童图书的热心，我便进一位这项奖金者少我来命名，使我感到惭愧内又光荣，我表示祝贺这项奖金如获得者，因此而加倍努力奋进，使济这项奖金年新发挥的大众民族。

冰心
一九九〇年五月廿四日

亲爱的喜音同学：

万分感谢你给"冰心儿童图书奖"的支持和捐助。

光阴过得真快，仔细七十五岁了，听说你去年秋仍来北京过上红毕字丝巾一块围在脖子上，说你们百年偕老幸甚如意！

冰心
九五.五.三

琳同志：

你和林李春晋那天来看很感谢，但是你那天说信要写，但是听得又又告觉又不知你在此岁月，咳咳发作，脑子不正。何忍你细研究在现在这金奖等得如论说，但这是你好是我大感慨了不正。

冰心
九五.一.九

▲ 冰心关于冰心奖的信件

▲ 冰心奖奖杯　　　　▲ 冰心艺术奖奖杯

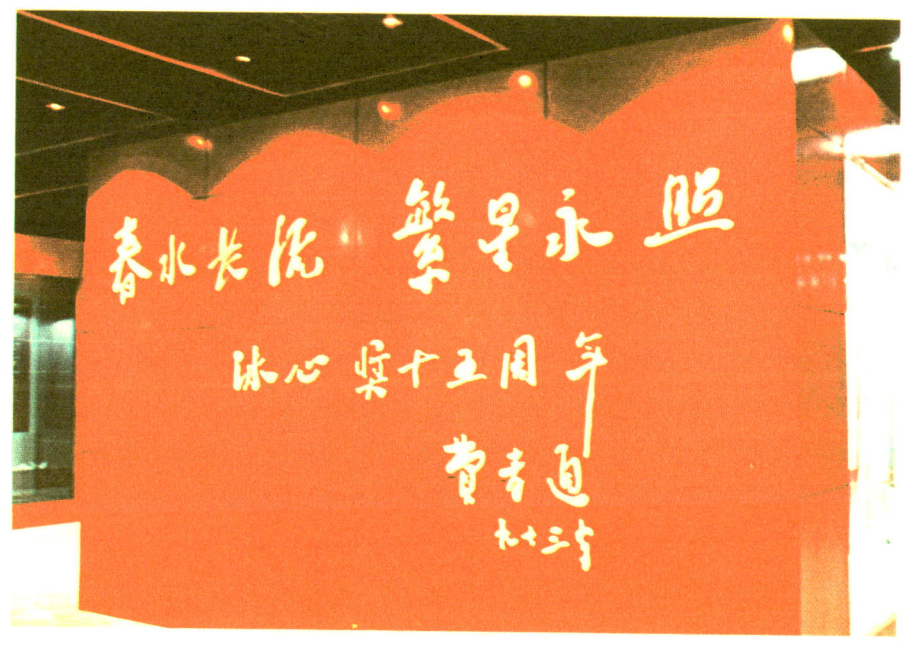

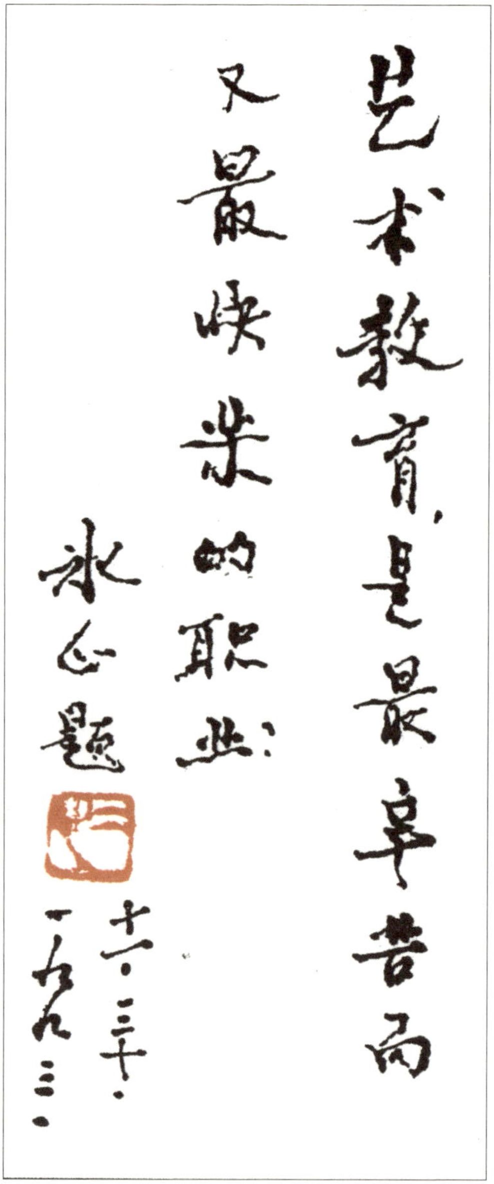

艺术教育,是最卓苦而又最快乐的职业。

冰心题
十一·三十·
一九九三·

Ching Hsu

Eternal youth in love
She bec clings to beauty,
The beauty of dedication
She has never abandoned
Beauty is a prompted truth
So she loved
 ever shall adopt

Hau Siuyu

April 20, 1990

永远年轻于爱
贞爱地
 上选
心中真爱永不乏足
爱着
爱之美永远没有退出
她爱

    花絮
  王美   蔡书吾
  千英

JIN JIANG HOTEL
锦江宾馆

Dear Ge Quitin,

I send here the inscription you have asked for.

Immortality is the memory of mankind's creative spirit.

人类的创新精神
是永恒的

韩素音
1993年4月25日

With love
素音

▲ 韩素音为冰心儿童文学新作奖题词

▲ 1990年雷洁琼主持新闻发布会宣布创立冰心奖

▲ 王光、韩素音、葛翠琳在冰心奖颁奖会上

▲ 1990年雷洁琼、吴全衡、葛翠琳于人民大会堂参加首届冰心奖颁奖会

▲ 1990年10月30日吴作人、叶君健、韩素音、杨沫出席在人民大会堂举行的首届冰心奖颁奖会

◀ 1990年10月30日吴作人出席冰心奖颁奖会

▲ 雷洁琼、韩素音、葛翠琳在冰心奖颁奖会会场

▶ 冰心奖
  颁奖会

◀ 冰心奖音乐会
（艺术奖）

◀ 冰心奖颁奖会后
向冰心汇报

▶ 1992年画家陈永镇获冰心图书奖

▲ 1993年冰心奖颁奖会

▲ 在钓鱼台芳菲苑举办冰心奖颁奖会

▲ 钓鱼台芳菲苑（1993年冰心艺术奖获奖者）

▲ 北京音乐厅冰心艺术奖音乐会

▲ 冰心奖颁奖会(人民大会堂)

▲ 原中共北京市委副书记王光向韩素音问候

▲ 雷洁琼等人出席冰心艺术奖音乐会

◀ 1997年,雷洁琼、葛翠琳在北京钓鱼台第五届冰心奖颁奖会场

▲ 1997年第五届冰心奖颁奖会上雷洁琼、陈建功等人

▲ 冰心艺术奖音乐会

▲ 2003年4月，参观建于平谷的冰心奖陈列室和冰心奖儿童图书馆

铺路·架桥

——冰心奖创办发展历程回顾

20世纪，中国文化艺术领域曾有很多人的名字留在史册里，值得我们崇敬和骄傲，他们留下了耀眼的脚印儿，引导着一代又一代后人。冰心、吴作人、叶君健……是其中的幸运者，创作之路一直延伸到世纪末新世纪即将到来时期，亲眼看到了祖国的强盛、民族的振兴、科学技术的日新月异，他们在最后的人生脚步里，还用心地撒下了一粒可爱的种子——《冰心奖》。如今,它已长成小树。冰心奖是冰心老人亲自参与筹划创办起来的，由冰心终生的好友雷洁琼老人担任首届评委会主席。

冰心奖这一平凡而又光荣的事业，凝聚着老前辈对孩子们深挚的爱，它的发展，社会各界倾注了真诚的关怀和支持，历届颁奖会留下的珍贵画面，是我们难以忘怀的，那些情景至今回想起来仍然使我们激动不已。

1990年春，韩素音来北京，我们在北京饭店见面，她说："今年冰心九十大寿，我们怎样祝贺她？"

我说："冰心一生爱孩子,她的作品受到几代读者的欢迎，设立一项冰心奖，鼓励支持为孩子们创作、出版好书，这是一件很有意义的事，也是对冰心老人九十大寿最好的祝贺。"

韩素音非常赞同这想法。我们研究了一个方案，奔向冰心老人家中，说说笑笑，这一童话梦逐渐成为令人兴奋的事业蓝图。韩素音当即撕下支票交给我，笑说："这事就交给你了。"

冰心老人的女婿陈恕先生，为我们拍下一张照片，韩素音笑得很开心。

冰心老人笑说："这不成了校友办事业，我坐享其成了吗？"

我说："您一生爱孩子，冰心奖是培养孩子的事业，她（韩素音）出钱，您出名分，雷老师在前台主持，这件事一定会成功，也会得到各方面的支持。"

冰心20年代入燕京大学，韩素音30年代就读于燕京大学，我40年代在燕京大学社会系读书，雷老是燕京大学社会系的教授，她们都是我的老师，有时对我戏称年龄最小的校友，而我却像是她们的孩子，从未觉得她们是社会名流。我想真正的名人，也是极普通的人。在冰心奖中任职的前辈们，都很慈祥，生活在他们中间，感受到一种很自然的亲情，她们营造出一种平凡生活的愉快气氛，宽容、豁达、充满爱心，大家相处如家人，彼此理解和信任，形成一种轻松的人际关系。他们成为名人是由贡献、学识、修养自然形成的，但他们自己却从不以名人自居，始终保持着朴素真诚的本色。荣誉和名望不会让他们停步，面对灾难和打击，不退缩不灰心，远离虚荣、漠视名利，这就是他们人格的魅力。冰心奖就是由这些前辈用心血栽培的，还有一个义务劳动群体热情地奉献，这就打下了坚实的基础。

冰心奖的工作落实在我身上，也是很自然的事，我理应尽心尽力，何况冰心老人的诸多好友，都热情地伸出有力的手，托举着这一令人向往的事业，我不过充当打杂儿的角色，处理一些具体的事务罢了。

冰心奖的计划确定下来，吴作人老人不但答应担任冰心奖副主席，还亲笔题写了"冰心奖"几个大字，全国人大副委员长雷洁琼任冰心奖评委会主席并亲自主持了新闻发布会，胡絜青老人题词祝贺，并和萧淑芳、杨沫、叶君健、吴全衡诸位老人一起任冰心奖评委会副主席。大家对冰心老人的友情，对孩子们的爱，凝聚在"冰心奖"这一事业的发展上。原北京市企业文化建设协会常务副会长郝真同志以她多年一贯的忘我精神，使各项筹备工作一一落实，并争取到社会各界的支持。

冰心奖设立以来，每年冰心生日前后，举行冰心奖颁奖大会，第一至第五届冰心奖颁奖会在人民大会堂举行，第六届至第十届在钓鱼台芳菲苑举行，第十一届以后在中国现代文学馆举行。颁奖大会后，获奖者参观文学大师们的展厅和遗物，留下深刻的印象。2002年还在北京平谷区建立了冰心奖陈列室和冰心奖儿童图书馆，并且正在筹划建立其他冰心奖儿童图书馆。

如今，冰心奖已在海内外产生了广泛的影响。

前十届冰心奖颁奖大会都由雷洁琼老人主持，韩素音、吴作人、萧淑芳、胡絜青、叶君健、杨沫、吴全衡——诸位老前辈曾出席了几届冰心奖颁奖会，为获奖者颁发了证书和奖杯，并与领奖者合影留念。最初的奖杯是两只铜鸟，栖落在黑色大理石底座上，小鸟仰着脖儿，张着口，急切地望着大鸟；大鸟伸长了脖颈，头低垂下来，嘴叼着食物喂进小鸟口中。这是从冰心老人家中的礼品里选取的形象，体现冰心老人作品里母爱的主题，十分贴切。黑色大理石底座的下面，金色横牌上刻着"冰心奖"几个字，是吴作人老人的手迹。遗憾的是，因为经费问题，后来未能继续制作这奖杯，但颁奖大会仍然留下了许多动人的镜头。在这一难忘的场面上，社会各界来宾、新闻界，来自各省、市出版社的朋友们，作家、画家、天真可爱的孩子们，从四面八方赶来，几代人同堂，庆贺、交流，倾听孩子们演奏获奖音乐作品，掌声、笑声融成爱的洪流，情景十分感人。白发苍苍的老前辈们满脸慈祥的笑容，把获奖证书授予为儿童事业做出贡献的获奖者，到会者人人永记这难得的相聚。下面是老前辈们留下的珍贵题词：

冰心是我们这个世纪的伟大作家之一，她的作品绝不会过时，而且将继续吸引一代又一代人。使我高兴的是，中国有这么多的作家和出版社，致力于为儿童创作出版优美的图书，我满怀信心地说：这些图书无论在种类和质量上都远远胜过其它许多国家。

——韩素音

思想不老的人永远年轻，
冰心大姊就是这样的人，
她写了将近一个世纪，
今天还紧紧握着手中那支笔。
好几代的孩子读她的诗文懂得
爱世界、爱大海、爱星星；
听她的话年轻人"讲真话写真话"，
为国家为人民奉献赤诚的心。
作为读者我敬爱她；
作为朋友我为她感到自豪。

——巴金

修养的花儿
在寂静中开过去了
成功的果子
便要在光明里结实

蜜蜂
是能溶化的作家

从百花里吸出不同的香汁来

酿出她独创的甜蜜

——冰　心

韩素音女士为新作奖题词：

人类的创新精神是永恒的

她希望冰心奖成为一个窗口，为把优秀的中国儿童图书推向世界做出贡献。诸位老前辈的题词，深深铭刻在获奖者的心上。

在浙江少年儿童出版社的热情支持下，"冰心奖"增设了新作奖，为发现培养新作者，并支持老作家为孩子们创作新作品而开展工作。社会各界作者，各种儿童文学形式——凡新创作未曾发表的作品都可以参评，获奖作品由浙江少年儿童出版社出版获奖作品集。先获奖后出书，这就为那些有才华而又勤奋笔耕的作者们，解决了出书面临的诸多难题。获奖作品集，在冰心奖儿童图书馆陈列室陈列展览，并由冰心奖评委会向海内外推荐，进行交流，产生了广泛的社会效果。

冰心奖的影响不断扩大。现在，冰心奖评奖包括以下内容：

一、冰心儿童文学新作奖。发现、培养新作者，奖励还没有发表出版的优秀儿童文学作品，并出版《冰心儿童文学新作奖获奖作品集》。

二、冰心作文奖（小学卷、初中卷、高中卷）。作者均为在校学生。

三、冰心儿童图书奖。奖励已经出版的优秀少儿图书。

四、冰心艺术奖。支持、鼓励儿童艺术教育的普及发展，奖励对儿童艺术教育做出贡献的教师和成绩优秀的学生。

二十多年来，冰心奖一步一步向前发展，打下了很好的基础，取得了可喜的成绩。

冰心新作奖已经成为广大儿童文学作者注目的奖项,获奖作者有边远地区、少数民族作者,有学生、教师、工人、农民、科技工作者、文化工作者。

冰心新作奖成为一些作者走上文坛的起点,而后逐渐获得社会的认同和称赞,也有些作者的获奖,成为人生道路上一个值得纪念的路标。每一位获新奖的作者,都有其生动的故事,当他们接到冰心奖获奖通知书时,激动人心的记忆将永远铭刻在他们心灵里。

新作奖的获奖作品,无论是反思历史,还是剖析当今现实错综复杂的矛盾,或者憧憬展望未来,都充满了激情。阅读这些作品,我们感受到:众多儿童文学作者,深入实践,感受时代大潮,描绘少年儿童的困惑和早熟、渴望和追求、顽强和幼稚,展现这些孩子的心灵概貌,具有相当的深度和广度。获奖作品语言生动,意境优美,想象丰富。读者对这些作品备感亲切,读后开阔视野,受到启迪。有的作品还促使人接受新的观念,引导读者感悟人生,从而面对新时代的新问题,具有一定的心理准备和精神力量,这是难得的。

儿童文学创作,写什么?怎样写?每位作者有各自不同的实践和想法,但真情实感却是很重要的。近年来,我们见到不少儿童文学作品欠缺的正是这方面,这是儿童文学的悲哀。当我们被一些优秀儿童文学作品所感动时,会从内心深处产生一种珍爱之情,希望这些作者能得到社会更多的关注,殷切期盼着更多的作者创作出优秀的作品来。

如今的世界,孩子们接受的新知识新事物很多,但也面临不少的诱惑和挑战,而优秀的儿童文学作品,应该成为小读者的知心朋友和伙伴。面对困难的勇气和信心,是应该从童年开始培养的,游戏人生的态度会让孩子产生消极的负面的后果,这些问题应引起全社会的重视和思考,更应该引发儿童文学作者的深思。

冰心作文奖，面向中小学生征稿，旨在更好地发扬冰心奖的创新精神，提倡源于生活的真实体验，鼓励创新表达。冰心作文奖为当代少年提供了展示创作才能的平台。

冰心老人的爱培育出一届又一届的幼芽新苗，相信他们必将结出硕果。我们会牢记冰心老人为新作奖的题词：

得奖仅仅是创作的开始，
千里之行，
始于足下！

参评冰心儿童图书奖的图书，新品种逐年增多，这说明图书出版正在积极面对时代的需求和更大发展的竞争。自然科学方面的图书质量和数目都令人欣喜。信息化时代，社会在迅速地变化，错综复杂的现实矛盾，构成种种生活现象，儿童图书、儿童文学作品，如何引导孩子们正确认识世界、感受新时代新事物，建立新的观念、新的思维方式，培养孩子独立思考、判断是非丑恶的能力，运用美育的陶冶使孩子心灵具有健康坚强的精神力量，抗住社会消极因素的冲击，这是儿童文学作者的神圣职责，还有待广大作者长期的努力。

冰心老人一生，把真诚的爱心给予了广大读者，她关心一批又一批的新作者，期望冰心奖能为他们的前进铺路架桥，点燃希望之光。她以永恒的微笑，期待着每一位获奖作者的成长。她永远是 20 世纪中国文坛的老祖母。

冰心艺术奖是为奖励从事少儿艺术普及教育取得成果特别设立的。面向新的时代，社会正在发生深刻变化，为了民族的振兴，为了祖国的繁荣昌盛，培养适合未来社会需要的一代新人，大力开展少年儿童艺术普及教育，是非常有意义的事。

冰心老人关注儿童艺术普及教育的发展,她为艺术奖的题词是:

艺术教育,是最辛苦而又快乐的职业。

韩素音为艺术奖的题词是:

音乐,儿童心灵的摇篮。

冰心艺术奖引导孩子们自幼展现他们的音乐才能,培养孩子们丰富的想象力,自觉地漫游在音乐王国里,去发现美创造美,达到美好的精神境界。

孩子的纯真和爱,让世界变得绚丽、丰富、生机勃勃。冰心老人对孩子深挚的爱像温暖的大手,有力地托举着儿童事业的发展。社会各界对孩子的关怀,结成爱的连环。爱,具有巨大的生命力,它是稚嫩的幼芽,却能推开坚硬的石头,长出青枝绿叶,在风雨中挺直身躯,为世界撑起真善美的绿伞。爱又像晶莹的清泉,冲洗着人世间的污浊。

冰心老人留给我们一句名言:

有了爱就有了一切

孩子是希望,是力量,是光明,是未来。爱孩子,不仅使世界更美好,自己也成为最幸福的人。

冰心奖,一个美丽的童话梦。

众多出自爱心的手牵在一起,使这个童话梦变成了现实。

儿童事业,是需要集体培育的事业。

20世纪末,冰心老人离开我们去了。冰心奖评委会副主席吴作人老人、叶君健老人、吴全衡老人、胡絜青老人、杨沫、瞿希贤等老前辈也相继去世,但他们对孩子的爱却长留人间。他们的希望和嘱托仍贯彻在冰心奖的工作中,继续指引着我们前进。冰心奖主席雷洁琼老人,在105岁高龄仍关心着冰心奖的工作,还亲自为冰心奖陈列室书写了前言,几次细心地倾听冰心奖的工作汇报,真令人感动;2011年1月9日雷洁琼老人逝世,我们怀着沉痛的心情向老人告别,并牢记老人生前的嘱咐,继续办好冰心奖。老人已为冰心奖打下了坚实的基础,制定了详细的方案,提出了明确的要求。我们将遵循冰心老人的遗愿和雷洁琼老人的嘱托,更加努力工作。宗璞大姐继任冰心奖主席,也会给予冰心奖很多支持。冰心奖名誉主席韩素音生前一直记挂着冰心奖的发展,冰心奖副主席严家炎、舒乙都具体地关心支持着冰心奖的发展和建设,郝真同志更是尽心尽力地为冰心奖事项操劳。冰心奖全体评委在长期的义务劳动中任劳任怨地工作,实在难得。我们特别感谢北京市社会科学院、北京市企业文化建设协会、浙江少年儿童出版社,他们多年扶持着冰心奖一步一步向前发展,留下了坚实的脚印儿。

我们也感谢北京市平谷区文化部门的领导大力支持冰心奖的建设与发展,从人力物力各方面提供条件,建立起冰心奖陈列室及冰心奖儿童图书馆,使冰心奖的资料得到长期保存和陈列展览,设立冰心奖获奖图书、参评图书专柜,架设起与读者直接交流的通道,逐渐建成优秀少儿图书资料库和海内外儿童图书交流的根据地,这是一件令人鼓舞的事。将来条件成熟,还可以在冰心奖颁奖会期间举办儿童文学艺术研讨会和海内外交流活动。2009年,冰心奖陈列室和冰心奖儿童图书馆已迁入新建成的大楼,更是令人兴奋,为迎接冰心奖二十周年,全体工作人员精心布置了展览并开展阅览活动,受到了广大读者的欢迎。

冰心的名字，象征着爱，并以奉献精神影响着后一代。

我们牢记冰心老人的嘱咐："冰心奖要铺路架桥，让更多的人从这里走向成功。"

我们希望获奖者在接受获奖证书时，也将前辈们的期望和追求铭记在心，并传播到四面八方。

韩素音曾在首届冰心奖颁奖会上讲过一段小故事：

抗日战争中，她去看望住在重庆的冰心，日本飞机狂轰乱炸，人们都躲进防空洞，唯有冰心照常平静地在桌前坚持写作。问她为什么不去防空洞，冰心笑说："日本强盗的飞机每天都来轰炸。我不能把自己的时间都丢在山洞里呀！现在只有一个信念，那就是：中国必胜！别的就都无关紧要了。"生死关头都能坦然面对，还会为名利所牵吗？

前辈们的人格魅力是无形的，但凝聚在一起却推动着社会风气，像磁石吸铁般感染着周围的人，这才是真正的名人效应，特别值得我们珍视。

冰心奖通过奖励作品，关注新作者新图书，通过组织表演比赛支持推动少儿艺术普及教育的发展，培养儿童心灵健康成长，这是冰心奖的宗旨。冰心奖还要让前辈们的人格魅力散播开来，影响广大作者群体和少年儿童。

文化界前辈留给我们的不只是作品，他们的精神境界和赤诚的爱国心，成为醒目的人生路标，将指引着一代又一代人。

老舍先生曾说："年轻人总盼着出名，尽快成为名人。他们不知道，成了名人儿，那名字就不只属于自己，必须对社会、国家和人民担负起不可推卸的责任，甚至要做出巨大的牺牲。当名人不是轻松的事。作家，写的每个字、每一句话，都要对读者负责任。"

冰心曾写：

青年人呵，
为着后来的回忆
小心着意的描你现在的图画。

成功的花，
人们只惊慕她现时的明艳！
然而当初她的芽儿
浸透了奋斗的泪泉
洒遍了牺牲的血雨。

前辈们在文学艺术领域的执着追求，一生辛勤耕耘，留给我们丰硕的成果，他们的智慧给予我们心灵以启迪和力量。相信多少年后，与冰心奖连在一起的人名会很长很长，期盼着每一位朋友在奔向未来的路上，不为名利的藤蔓绊住脚步。

"繁星，爱之光。春水，生之意。"这是宗璞祝贺冰心生日写的两句话。

繁星永照，春水长流。

伟大祖国走向繁荣富强的进程中，冰心奖是茂密森林中的一片绿叶。

▲ 冰心奖颁奖会后向冰心汇报工作

▲ 韩素音在冰心奖颁奖会上

▲ 1990年吴作人参加冰心奖颁奖会

▲ 雷洁琼在冰心奖颁奖会上

▲ 冰心奖颁奖会

▲ 钓鱼台国宾馆冰心奖颁奖

▲ 雷洁琼、陈建功在冰心奖颁奖会上

▲ 1992年冰心奖颁奖会

▲ 冰心奖颁奖会后汇报工作

▲ 冰心奖颁奖会

▲ 雷洁琼与前文化部副部长陈昌本、北京市副市长刘海燕同志

▲ 冰心艺术奖音乐会

天涯·海角·友情难忘

1982 年
——出访日本篇

▲ 周恩来纪念碑

雨中嵐山

雨中二次遊嵐山、
両岸蒼松、夾着幾株櫻。
到尽処突見一山高、
流出泉水緑如許、繞石照人。
瀟瀟雨、霧濛濃、
一線陽光穿雲出、愈見姣妍。
人間的万象真理、愈求愈模糊；
――模糊中偶然見到一点光明、
真愈覚姣妍。

雨中嵐山 ―― 日本京都
一九一九年四月五日

雨中の嵐山

雨の中を二度嵐山に遊ぶ
両岸の青き松に いく株かの桜まじる
道の尽きるや一きわ高き山兒ゆ
流れ出る泉は緑にはえ 石をめぐりて人を照らす
雨もうもうとして霧ふかく
日のひかり雲間よりさして いよいよなまめかし
世のもろもろの真理は 求めるほどに模糊とするも
模糊の中にたまさかに一点の 光明を見出せば
真にいよいよなまめかし

訳　蔡子民先生

1982年访问日本，日本报纸介绍作者

日本と中国

(1982年) 第1160号

中国婦人代表団 各地であたたかい交流

東京で盛大なレセプション
鈴木首相、徳永参議院議長とも懇談

三つの分科会で意見交換

代表団 中高年パート問題に関心

▲ 1982年随康克清访问日本，在成田机场受到日本友人欢迎

▲ 日本铃木首相在首相府接见中国妇女代表团
中国大使的汽车插着五星红旗在前领路，车队浩浩荡荡一路绿灯到达首相府，各级官员分列两旁迎接。抗战时期，为躲日本侵略者扫荡，全家逃难的情景从脑海中闪过，内心为祖国的强盛而自豪

▲ 日本参议院议长德永接见中国妇女代表团

▲ 日本议长接见中国妇女代表团

▲ 在东京欢迎会上，中国驻日大使夫人陪同

▲ 在中国驻日本大使馆举行招待会。中间穿旗袍者为葛翠琳

▲ 参观日本国会议事大厅

▲ 参观日本国会议事大厅

◀ 中国妇女代表团向周恩来诗碑献花

周总理的诗碑位于岚山半山腰绿葱葱的树林里，这里具有大自然的美，很清静，但它却和人民的生活紧紧相连，鸟儿的啼鸣声，树叶的沙沙声，和着山下一阵阵欢乐的笑声，形成一种宁静幸福的意境。人们来到诗碑前都肃然静立，思索着、回忆着、想象着，内心里展现出一个美好的世界，和岚山下奔腾的激流呼应着，和深山中挺拔的葱绿树叶呼应着，和广阔深远的蓝天呼应着。使人感受到一种奋发向上的精神，广阔雄壮的气势，宁静而又深远的情绪，坚忍而顽强的力量。

一块朴素庄重的巨石，由许多不同形状的基石簇拥着，谦虚地静立在山林中。人们面对着诗碑，都是一副庄严沉思的神情。当年周恩来同志雨中登岚山，在泥泞中一步一个脚印儿，今日已成了一代又一代青年追寻真理的路标。有志之士，都兴奋地踩着那闪光的脚印儿向上攀登。周恩来同志曾在山上凝望着穿透云雾的阳光，领会人生的真谛，抒发革命的豪情，留下这富于哲理的感人诗篇。我们凝视着诗碑，仿佛听见周恩来同志深沉的声音。诗碑上的每个字，都闪烁着耀眼的光芒。我们一句一句默读着《雨中岚山——日本京都》：

雨中二次游岚山，
两岸苍松，夹着几株樱。
到尽处突见一山高，
流出泉水绿如许，绕石照人。
潇潇雨，雾蒙浓；
一线阳光穿云出，愈见姣妍。
人间的万象真理，愈求愈模糊；
——模糊中偶然见着一点光明，
真愈觉姣妍。

我们沉浸在庄严肃穆的气氛里，诗句的光焰，使我们的眼睛闪亮，诗句的火花儿，在我们心中燃烧，诗文中为伟大理想献身的英勇气魄、为革命事业奋斗终生的不屈不挠精神，震颤着我们的心，冲激着我们的灵魂深处。当年，为了振兴中华，为了民族的解放，为了人类光辉灿烂的未来，敬爱的周恩来同志，远离祖国，来到异国他乡，追寻真理。这质朴无华的诗碑，刻印着当年珍贵的史迹，人们沉思地凝视着它，它就像深夜里明亮的火把，照耀在探索人生的道路上。无须用语言表达，革命的激情在人们心灵之间交流着。康大姐带领我们向诗碑敬献了鲜花，并在诗碑前合影留念。日本学生和我们紧紧握手，欢呼日中友好万岁。

最珍贵的是周总理当年在日本的入学志愿书原件影印照，上边有周总理的签名印章，并有京都帝国大学总长医学博士荒木寅三郎殿字样。这是由京都府大田贞次郎氏藏，大冢巧艺社制作的。真是难得的珍贵资料。

我们寻觅了周总理青年时代的脚印儿，它永远是我们心灵中醒目的路标。

▶ 与日本女作家交流

▲ 在东京和日本女作家浜田系卫等座谈

▲ 在日本和妇女界代表座谈

▸ 和日本女作家交流

▸ 日本女作家浜田系卫发表对中国友好的热情洋溢的讲话

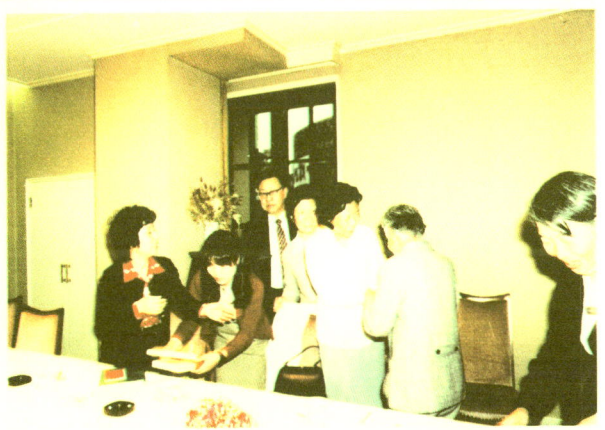

◀ 与日本女作家交流介绍中国儿童文学

▲ 东京欢迎会,站在五星红旗下

▲ 在东京与日本女作家座谈

◀ 和日本妇女界交流

▲ 观赏樱花

▲ 在日本东京欢迎会上

▲ 与妇女界企业界交流

▲ 在周恩来诗碑前

◀ 在日本参观鹿苑

▲ 和康克清同志在日本京都

◀ 日本朋友陪同
参观寺庙园林

◀ 参观小学

◀ 和教育界聚会

◀ 在中国驻日使馆

1985 年
——中国作家代表团出访泰国篇

▶ 与泰国作家协会主席屏开游览，参观泰国名胜古迹

▲ 泰国作家协会主席屏开陪同上山，游览访问山中居民

▲ 中国作家代表团访泰

◀ 随中国作家代表团访问泰国

离开繁华的曼谷到达幽静的清迈，当地议会主席丢下繁忙的公务，陪同我们去夜柿县的格良族山区象园参观。

山路旁多是卖手工艺品的小货摊，摆满了大大小小的柚木雕像和其他手工制品。走到半山腰，听山水哗哗流，猛的一阵欢呼声，抬头看，只见象群疾行奔向山水汇流的山沟里，用长鼻子吸取清水，然后仰鼻喷洒在身上冲澡。水珠进溅，水柱流淌，就像淋浴的喷头，水流时断时续，转移着位置，调换着方向。也有的象躺在水中打滚儿，或静卧水中任浅浅的激流从身边冲流而过。大象洗净了自身又给小象喷水冲澡，小象则在洗澡时玩水嬉戏奔跑蹦跳，似乎对洗澡感到舒适而又快乐。管象的年轻小伙子，为群象刷腿搓身，轻轻地拍打着象的脖颈，就像朋友伙伴一样亲热。

坐在象背上的人向排队的人群发出欢呼，大象小象欢快而又稳步地奔跑着，友善地把快乐送给每一位游人骑者，清脆的象铃声在山林中回响，使幽静的深山显得活跃而又亲切。这是精通旅游业的主人创造的一幅画、一首曲子。

◀ 在泰国皇宫

▲ 游览泰国南部山区,这里居住了不少华人后代

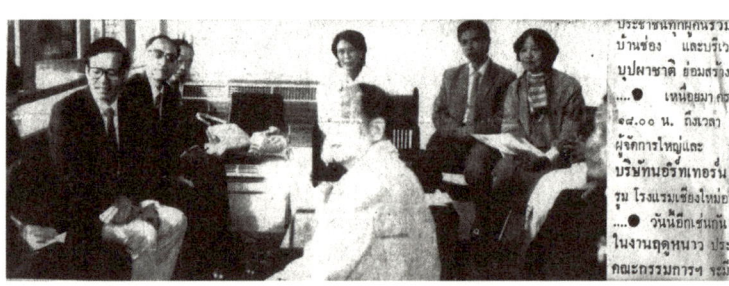

▲ 泰国报纸刊登和泰国作家座谈交流情况

▲ 在泰国皇宫

▲ 泰国作家
陪同游览

泰国《中华日报》

▲ 泰国报纸刊登中国作家代表团访问泰国交流情况

1988 年
——出访瑞士、法国篇及其他

▲ 在苏黎世。儿童文学研究所所长及翻译陪同参观

▲ 在苏黎世儿童文学研究所讲课,介绍中国儿童文学。中间为文化官员,旁为所长

▲ 在苏黎世讲中国儿童文学

▲ 参观世界名著《小海蒂》作者约翰娜·斯比丽的故居,大山里的小木屋展览着作者童年的玩具

▲ 苏黎世餐馆。
历史上曾有名作家在此用餐，餐馆门口挂有其影像

▲ 1988年出访瑞士。陪同人员翻译和她的男友都在瑞士大学主修中文

▲ 在韩素音家中做客

我曾经很发愁。独自一人去瑞士，带着满满三箱书，分量是我体重的三倍多，下了飞机换火车，出入车站、上下火车，够我受的……

梦一般的事实出现在我面前——

首先，瑞士的火车站有可以自由使用的小推车。我很轻松地就把三箱书推到了站台上。当我吃力地搬着箱子上火车时，一位青年在车上接过了我的箱子，我转身下车准备取放在站台上的另外两只箱子时，身后的人已帮我把箱子搬上了火车。这些素不相识的青年朋友们帮我安放好箱子，才去找自己的座位。当我表示感谢时，他们还给我的，是一个亲切的微笑。车厢里宽敞清洁，很安静，没有人发出干扰别人的噪音。下车时，又有青年主动帮我把箱子提到站台上。开始我以为是偶然的幸运，后来我多次乘车都得到了这样的帮助，对这里的人与人的关系就有了进一步了解。

还有一次在火车站，因为急着买票走得匆忙，对面一位女士正好和我并列过门口。她马上后退一步并向我表示歉意，我谢她，她向我微笑告别。后来坐火车时，我发现同车的韩素音买的是半价票，原来在瑞士满60岁买火车票半价，这是老年人的一项福利。

有一次，我们从日内瓦到洛桑，一位姑娘驾车为我们的小汽车带路，竟自愿绕行了很远的路，然后微笑着招手而去。人与人之间充满了友情。

▲ 在瑞士儿童文学研究所讲学

瑞士儿童图书研究所请我讲中国儿童文学，会前瑞士文化协会负责人接见我们。陪同我的尹芳夏女士，上午将我的中文讲稿试译一遍，然后我们匆忙去饭馆用午餐。要过了菜喝着饮料，尹忽然发出一声轻轻的惊呼："咦，一点半了！瑞协两点会见我们呀！"我说："那请你对服务员讲一声，快点给我们上菜。"尹摇摇头，为难地说："我不敢。"我很奇怪，问她："为什么？"她认真地说："厨师和服务员都在为减少顾客的等候时间而尽力，我要求他们更快些，会使他们感到为难的……"她那温柔的声音、善良的面孔，使我联想到白雪公主。我说："那我们就吃面包喝饮料吧！没有关系。"她脸涨得通红，好像做了错事的小孩儿。"我很抱歉，没把时间掌握好。"这时，服务员为邻桌的顾客端菜过来，顺便问我们有什么要求。我们讲了情况，邻桌的顾客立刻说："如果你们愿意的话，我希望把我要的菜先给你们。我可以等。"我们表示感谢，服务员就把刚放在邻桌的菜端过来，他微微鞠躬，热情地说："请再来！将为你们准备喜欢吃的菜。"周围的人都送给我们亲切的微笑。

演讲在世界名著《小海蒂》的作者——瑞士作家约翰娜的故居举行。我们到达门口的时候，一位英俊的青年向尹献上一朵红玫瑰花，送我一束清香的白花。他是尹的男朋友，后来一直陪伴我们。他讲话很少，却常常微笑着，用温柔而深沉的眼光，默默地望着女友，满怀爱恋之情。一对多么幸福的恋人！我们走在大街上观赏市容，见一位小伙子身穿蓝牛仔裤，一条裤腿儿从上到下剪成一圈一圈的布条儿，仿佛用左腿把布圈儿穿成了串儿。我问："他为什么穿这样的裤子？"尹回答："他喜欢这样呀！"我又问："别人对他这样的衣服怎么看？"尹说："他喜欢什么，是他自己的事，别人不会表示什么看法。"她的男友补充说："他觉得这样美，就这样穿。他又不妨碍别人，别人应该尊重他的爱好。"我观察四周，人来人往，果真没有任何人对那位青年的服装表示好奇，更没有围观的现象。

▲ 在日内瓦

▲ 韩素音、葛翠琳参加瑞士儿童书籍国际奖颁奖会

▲ 瑞士儿童书籍国际奖部分评委

▲ 参观《小海蒂》作者位于深山里的故居。摄于大门口

▲ 参观《小海蒂》作者约翰娜·斯比丽的故居深山小木屋，里面保存了作者童年的用具和生活情景

◀ 一望无际的山坡草地

▲ 《小海蒂》作者的故居在大山深处，苏黎世至今保留山林原貌。约翰娜·斯比丽1827年出生在瑞士苏黎世的乡村。《海蒂》共16卷，1879年至1895年完成，其中1881年出版的书稿译为多种文字，成为经典儿童文学名著

▲ 大山里的草地野花以及简朴的小木屋都保持当年的原貌,吸引着众多参观者

Laudatio auf «Heidi»
Zum 150. Geburtstag von Johanna Spyri
von Bettina Hürlimann

Leicht gekürzte Fassung eines Vortrages, den die bekannte Jugendbuch-Kennerin am 20. August 1977 anläßlich der Johanna-Spyri-Feier auf dem Hirzel gehalten hat.

Die Popularität Heidis in der ganzen Welt

Es ist nicht so leicht, den richtigen Ton zu finden, um als Zeitgenosse über dieses liebe altmodische Kind Heidi zu Erwachsenen zu sprechen, über diese Erfindung von Johanna Spyri, die vor 150 Jahren in der wunderbaren Hügellandschaft des Hirzels das Licht der Welt erblickte.

Als Zeugnis für das, was ich zu sagen habe, werde ich die Verfasserin selbst auftreten lassen, indem ich kurze Passagen aus Heidi zitiere. Ich habe Heidi 1977 Zeile für Zeile wieder gelesen, und es hat mich zu meiner Verwunderung zutiefst beglückt. Ich hoffe, ich kann von dieser Beglückung etwas auf den Leser übertragen. Natürlich ist eine solche Beglückung, die ein Erwachsener empfindet, eine andere als diejenige, die der gleiche Mensch als Kind empfunden hat, und wiederum eine andere, als unsere Kinder oder gar unsere Enkel sie empfinden. Es gibt zahlreiche Menschen, die bei diesem Buch weder eine Beglückung empfinden, noch sonst irgendein starkes Gefühl.

Für mich, die ich in einer ebenen Landschaft des Nordens aufwuchs, war die Lektüre Heidi die erste Begegnung mit der Schweiz, mit den Bergen... Es weckte eine Sehnsucht in mir, die mich jahrelang bewegte, und die aufs wunderbarste erfüllt wurde. Das passiert nicht so oft im Leben... Ich kann mir darum gut vorstellen, weshalb Heidi von Kindern aus so fernen Ländern wie Rußland, Japan, Australien oder Amerika so geliebt wird. Es ist für sie exotische Ferne und schildert zugleich eine Welt, die ein Kind mit seinem Herzen zu der Seinen machen kann, und nach der es zusammen mit Heidi Heimweh haben kann.

Erwarten Sie bitte von mir keinen Problemvortrag oder gar ein Anti-Heidi-Referat. Beides wäre sehr aktuell, um nicht zu sagen Mode. Ich weiß, daß vor vier Jahren ein Frankfurter Professor, der ein hervorragender Spezialist für Jugendliteratur ist, guten Glaubens schrieb «Heidi» gehöre in den Giftschrank einer heutigen Jugendbibliothek!

Heidi als Buchheldin teilt für manche Leser dieses Schicksal, Giftschrank einerseits, ungeheure Popularität andererseits, unter anderem mit «Winnetou», einer Figur Karl Mays. Das könnte verdächtig sein! Aber welcher Unterschied... Auch dieser Winnetou ist nicht so schädlich, um in den Giftschrank zu wandern, aber er unterscheidet sich doch ganz ausgesprochen von Heidi.

Winnetou war sozusagen «second hand», denn der Verfasser, mit großer Phantasie versehen, erschuf ihn aus Gelesenem, nicht aus Erlebtem. Im Gefängnis las er sehr gezielt alles, was ihm über Indianer in die Hände kam, z. T. sehr gute Literatur, und braute aus diesem Gemisch seinen überaus edlen Winnetou, der einige Kindergenerationen und nicht nur Kinder, beherrschte und heute noch beherrscht.

Die Person von Heidi, ebenfalls ein Produkt dichterischer Phantasie, lebte vor einem Hintergrund, der echten Erlebnissen entsprang. Die Berglandschaft der Schweiz, des Hirzels, der Gestalten, die die Arzttochter erlebte und beobachtete, und die sie durchs Leben begleiteten, bestimmten nicht nur die Atmosphäre von Heidi, sondern auch von andern Büchern der Verfasserin. Auch als Johanna Spyri längst Stadtzürcherin geworden war, kehrte sie innerlich immer wieder in die Landschaft zurück und vermehrte die Eindrücke der Jugend durch zahlreiche Reisen und Bergaufenthalte.

Das Naturkind

Wird dieses tapfere kleine Mädchen Heidi, die Verkörperung eines ländlichen Naturkindes, noch weitere Generationen überzeugen? Wird dieses Heimweh, ein so entscheidender Moment in Heidis Leben, in unserer Zeit noch Gültigkeit haben?

Jener am Anfang erwähnte Fachmann sieht die Gefahr dieses so großartigen Kapitels schweizerischer Heimwehkrankheit vor allem in der altmodischen Großstadtfeindlichkeit, wie sie in der Frankfurter Episode deutlich wird. Seither, das heißt seit dieses Urteil fiel, hat an vielen Orten eine «Zurück-zur-Natur»-Bewegung eingesetzt, die

▲《海蒂》作者简介及书中情景图

Hunger in ihm auf, denn es hatte auch heute noch gar nichts bekommen als früh am Morgen sein Stück Brot und ein Täßchen dünnen Kaffees, und nachher hatte es die lange Reise gemacht. So sagte Heidi ganz zustimmend: ‚Ja, ich mein' es auch'.

‚So geh hinunter, wenn wir denn einig sind', sagte der Alte und folgte dem Kinde auf dem Fuße nach. Dann ging er zum Kessel hin, schob den großen weg und drehte den kleinen heran, der an der Kette hing, setzte sich auf den hölzernen Dreifuß mit dem runden Sitz davor hin und blies ein helles Feuer an. Im Kessel fing es an zu sieden, und unten hielt der Alte an einer langen Eisengabel ein großes Stück Käse über das Feuer und drehte es hin und her, bis es auf allen Seiten goldgelb war. Heidi hatte mit gespannter Aufmerksamkeit zugesehen. Jetzt mußte ihm etwas Neues in den Sinn gekom-

Heidi und der Grossvater beim gemeinsamen Essen
(Illustration von Paul Hey)

Der Großvater legte ein großes Stück Brot und ein Stück von dem goldenen Käse darauf und sagte: ‚Jetzt iß!' Er selbst setzte sich nun auf die Ecke des Tisches und begann sein Mittagsmahl. Heidi ergriff sein Schüsselchen und trank und trank ohne Aufenthalt, denn der ganze Durst seiner langen Reise war ihm wieder aufgestiegen. Jetzt tat es einen langen Atemzug — denn im Eifer des Trinkens hatte es lange den Atem nicht holen können — und stellte sein Schüsselchen hin.

‚Gefällt dir die Milch?' fragte der Großvater.

‚Ich habe noch gar nie so gute Milch getrunken', antwortete Heidi."

Und so geht es weiter. Es wird beschrieben, wie der Großvater einen Stuhl konstruiert u. ä. m. — alles mit einer Art herzbewegender Sachlichkeit.

Das sind ungewohnte Töne in einem Buch jener Zeit des ausgehenden 19. Jahrhunderts. Die Botschaft der Natur, des Natürlichen im Leben des Menschen, wie sie sich in dieser Szene des Bettenmachens im Heu und bei dieser ersten Mahlzeit ausdrückt, könnte gar nicht schöner ausgesagt sein. Man muß bedenken, daß dies noch längst, bevor es Pfadfinder und Wandervögel gab, spielt, als die meisten Menschen sich noch sehr wenig naturnah benahmen, sich vor Kälte und Hitze durch allerlei übertriebene Maßnahmen schützten und komplizierte Dinge aßen. Auf keinen Fall hielten sie geschmolzenen Käse mit Brot und frische Geißenmilch für eine so wunderbare Mahlzeit, wie Heidi das tat, und ein kitzliges Bett aus Heu war eher für Landstreicher oder wandernde Handwerksburschen.

Die zweite Botschaft, die Botschaft der Liebe, wie sie in Heidi personifiziert ist, ist nicht weniger deutlich und nicht weniger kostbar. Sie spiegelt sich vor allem in Heidis Verhältnis zu den weniger Privilegierten in seiner Umgebung, dem grimmigen und verbitterten Alm-Öhi und zu Peter und seiner armen blinden Großmutter; später auch zu Klara. Das ganze Kind Heidi strömt Liebe aus, wärmende Liebe, heilende Liebe, Liebe, die den seelisch verhärteten Großvater wieder in die menschliche Gesellschaft zurückführt, die Licht in das Leben der blinden Großmutter bringt, eine Liebe, die auch den eher etwas dümmlichen Peter, der nicht lesen lernen will, in sich schließt.

Man könnte versucht sein zu glauben, daß solch' schenkende Liebe bei einem Kind unwahrscheinlich ist. Kinder sind eher Egoisten, aber es gibt tatsächlich solche Kinder, wenn sie auch selten sind, aber von Johanna Spyri richtig in ihrer Wesensart erfaßt. Auch hier ist wieder eine gewisse Beziehung zu der unserer Zeit näher stehenden Pipi Langstrumpf, der kleinen Schwedin, die eine ähnlich große und liebevolle Seele hat, wenn sie auch im Gegensatz zu Heidi eher aus der Welt der modernen Kinderpsyche zu erklären ist. Heidi hat zwar, wie es der Großmamma in Frankfurt erklärt, keine Ahnung von irgendwelchem religiösem Gedankengut, hat nie beten gelernt, kennt keine biblischen Geschichten, ist aber als literarische Erscheinung ein Kind ausgesprochener christlicher Weltanschauung, was die modernen Kinderbuch-Experten so irritiert.

Diese religiöse Ader, die das ganze Buch prägt, war für jene Zeit absolut typisch und auch eine typische Eigenschaft von Johanna Spyri, die deswegen keineswegs eine Frömmlerin war.

C. F. Meyers Urteil über das «Heidi»

Wie ein großer Dichter jener Zeit, der Frau Spyri befreundete C. F. Meyer, über Heidi urteilt, spricht für sie.

Er schreibt:

„Ihr Heidi hat mir einen jungen und frischen Eindruck gemacht, wie ich nicht sagen kann. Sie haben doch ein glückliches Naturell! Dabei erzählen Sie so resolut, daß die Kritik gar nicht dagegen aufkommt. Heidi ist kräftig durchgeführt, kein leichtes Ding bei

Der Dorfplatz des Weilers Unterrofels bei Maienfeld. Johanna Spyri hat sich Unterrofels und Oberrofels zusammen als ihr berühmtes «Dörfli» gedacht und mit dichterischer Freiheit mit Kirche und Schule ausgestattet.

Bild links:
Diesen Platz mit dem grossen Brunnen hat Rudolf Münger um 1910 für die vom ihm illustrierte Heidiausgabe gezeichnet. Er bildet den Hintergrund der Szene, in der die heimtückische Tante (Base Dete) Heidi nach Frankfurt entführt. Heidi läuft gutmütig mit, weil es meint, es könne aus Frankfurt schon am nächsten Tag mit frischen Brötchen für Geissenpeters alte Grossmutter heimkehren.

CAMPAGNE DE CHANT'OISEAUX - AU MONT DE BURIER
CHEMIN DE MME. DE WARENS - CH 1816 CHAILLY - MONTREUX
MONTREUX 0(21) 64 29 61

Mr. Hsu Chung-ming
Director, Senior Engineer
Institute of Broadcasting Science
Ministry of Radio and Television
P.O. Box 2116

Beijing, China

Montreux, June 3, 1983

Dear Mr. Hsu, Dear Friend,

On the occasion of your all too short visit to my home, you spoiled Mrs Jaussi and me with lovely presents. After you left, we spared some time trying to look where we could put the wonderful porcelaine camel, so that its decorative value should be enhanced.

It will always be a wonderful souvenir of our friendship and of your visit to our house.

The coffee set of course will not only be looked at, but used frequently you can be sure and everytime it will be on occasion to tell our relatives and friends what it represents for us and that it came from China, not out of a shop where we bought it, but that it was your selection as an expression of friendship brought to Switzerland on this occasion.

Both Mrs Jaussi and I sincerely hope we will be able to be with you again, we will try to pick the time of the year you suggest and since you so kindly invited us to do so, we will let you know when we can choose a date.

Thanking you once again, hoping your trip home has been an excellent one, I remain,

Yours sincerely

▲ 瑞士广播电视台主席来信

亲爱的葛翠琳女士：

　　我们很高兴受到您的信和您送给我们的儿童文学书籍。对您的写作很有兴趣。我们儿童书研究所愿请您到这儿来一同交换思想。1988年春天您的旅程中不许我们在苏黎士安排什么会合？
　　希望为了我们共同的爱好和工作可以互相会见。
　　欢迎您来信
　　　　祝乐天　　R. Frling

　　　　　　　　以瑞士儿童书研究所的名义
　　　　　　　　　　　尹芳夏
　　　　　　　　　　　　1987.11.13

我正在写我们收集的中国儿童书的图书目录。为了这个工作一本中国童话作家辞典很有用处。如果您可以帮我的忙，我很高兴。

SCHWEIZERISCHES
JUGENDBUCH-INSTITUT

JOHANNA SPYRI-STIFTUNG

8032 ZÜRICH
Zeltweg 13
Telefon 01 47 90 44

航寄：建外大街22号 尹堡大厦二层.
Tel. 512-3555, 512-3556

亲爱的万翠林女士：

谢谢您，今天收到1月5日的来信。您5月9日以前到苏黎士很方便。从5月5日到5月8日能不能停留？（您同意的话我们就安排旅馆）

瑞士儿童书研究所和大学中文系5月6日下午请您作报告介绍中国儿童书，作家特特(サナ)您所知道方面的情况。汉德翻译者也有。——上午可以参观我们的图书馆。5月7日如果您有兴趣的话我们一起游览苏黎士自然名胜。

希望您来回信，就可以都安排好！

和今日的青天祝您一月的暖风

R. Tschirg

以瑞士儿童书研究所的名义
尹芳曼 1988.1.15

SCHWEIZERISCHES
JUGENDBUCH-INSTITUT

JOHANNA SPYRI-STIFTUNG

8032 ZÜRICH
Zeltweg 13
Telefon 01 47 90 44

邀請信：

瑞士儿童書研究所請葛翠琳女士5月5日到達你瑞士停留四天，進行学术交流。請她5月6日下午作报告关于中国的儿童書籍给大学中文系的学生会听。

王瑞士儿童書研究所将安排接待。

苏黎士1988年1月23日

P. Toleung

以瑞士儿童書研究所的名义：
尹芳夏

Johanna Spyri-Stiftung
Zeltweg 13
8032 Zürich

Schweizerisches
Jugendbuch-Institut
Zeltweg 13
8032 Zürich

中国作家协会北京分会用笺

亲爱的葛翠琳女士：

今年参加儿童书籍国际奖评奖委员会的作家韩素音女士，将向我们推荐你为88年评奖委员会委员。

鉴于你很高的成就、贡献和水平，我们很高兴在儿童书籍国际奖评奖委员会中有你参加。这项儿童书籍国际奖旨在促进儿童文学的发展繁荣和国际交流，并促使儿童心理学理论的发展。

儿童书籍国际奖88年的详细计划和具体内容，以及评委的待遇和职责甘项，将在以后的信里具体写给你。现在可以肯定的是：我们协会负责支付你居住期间的全部费用。希望知道你肯走来日内瓦。其他详细具体的细节我以后再写信。

非常高兴地等待着能认识你。

顺致崇高的敬意。

儿童文学促进协会主席 M. J. Luyet

Présidente A.P.P.L.E.

A.P.P.L.E.

ASSOCIATION POUR LA PROMOTION DU LIVRE POUR ENFANTS
ASSOCIATION FOR THE PROMOTION OF CHILDREN'S BOOKS
22, CRÊTS-DE-CHAMPEL · CH-1206 GENÈVE · TÉL. (022) 47 67 82

Madame Ge Cuilin
7. Ci Hui Hutong
Di An Men
BEIJING (P.R. of China)

Chère Madame,

        Merci de votre lettre du 6 décembre et de la jolie carte de voeux. Excusez-moi de vous répondre en français, mais je ne connais pas très bien l'anglais.

        Voici où nous en sommes avec l'organisation du Prix auquel nous souhaiterions que vous participiez en qualité de membre du Jury représentant la R.P. de Chine :

1) Vous trouverez ci-inclus le règlement du concours et la liste provisoire des membres du Jury avec leurs coordonnées.
2) Les livres seront présélectionnés par une commission de psychologues dirigée par le Président du Jury et moi-même.
3) Nous vous enverrons courant avril un exemplaire de chacun des livres choisis.
4) Les délibérations du Jury auront lieu le 10 mai à partir de 14 heures.
5) Nous serions heureux de vous recevoir à Genève le 9 mai ce qui vous permettra de visiter l'exposition à l'Université et éventuellement le Salon du Livre de Genève.
6) A partir du 11 mai vous aurez terminé votre travail de juré, mais nous serions heureux que vous acceptiez de représenter votre pays à la cérémonie de remise des prix qui aura lieu le 18 mai.

        Entre le 11 et le 18 mai je vous suggère de profiter de votre séjour en Europe pour visiter le Centre National du Livre d'enfants à Paris et la Lesegesellschaft à Mayence (Allemagne) qui sont tous deux dirigés par des membres du Jury. Si vous allez à Zurich, il y a un train direct pour Mayence et de Genève c'est pareil pour Paris. Je suis persuadée que vous serez très bien reçue soit dans une ville soit dans l'autre.

        J'ai appelé la Fondation Johanna Spiri de Zurich pour leur communiquer les dates du Prix, il ne vous reste plus qu'à nous dire le jour de votre arrivée à Genève pour que nous puissions organiser votre séjour. Han Suyin s'offre à vous loger à Lausanne, elle fera cette année partie de Comité d'Honneur du Prix.

        Ne vous inquiétez pas pour les traductions, nous aurons sur place des personnes très compétentes qui ne trahiront pas votre pensée.

        Je vous envoie dès que possible d'autres renseignements et me réjouis de faire votre connaissance et surtout de lire vos livres en français !

        Avec mes meilleurs messages

A.P.P.L.E

M.J.Luyet, Présidente

部分译文

夫人：

1. 在附页中，你可以看到竞赛（评奖）规定及评委名单；

2. 由评委主席、我领导的委员会对参赛书作预选；

3. 4月份将给你寄去所选出来的书；

4. 最后评奖工作定于5月10日；

5. 很高兴5月9日在日内瓦见到你，这样你可以参观在大学举办的书展及日内瓦的书展；

6. 5月11日，评审工作结束，请你作为贵国代表参加5月18日的授奖仪式；

7. 5月11日至5月18日，请你参观巴黎的儿童文学国立中心等。参观都由评奖委员会组织并陪同前往。

评奖工作结束，颁奖大会以后，你若去苏黎世，有直通火车。我们已通知苏黎世基金会儿童图书研究所，相信你会受到很好的接待。（附苏黎世信）

你只需告诉我们你到日内瓦的日期，以便我们安排接待。我们有能胜任翻译的人。

韩素音将参加今年的特别奖委员会。她已为你安排好，住在洛桑。很高兴认识你，并希望能拜读你的法译本图书。

亲爱的朋友 莳翠琳

自1986年瑞士"儿童书籍促进协会"创立以来，本协会每年都在日内瓦大学举办"国际儿童图书授奖"活动。

该奖的目的是使人们更好地瞭解儿童独特的心理特征，而不是着眼于任何其它的意识形态和目的。

自从本奖创建以来，它受到了为数可观的各国出版界和作家、学者们的热情支持。鉴于我们已取得的成就，我们感到有必要扩大协会的活动范围。所以决定创立一项儿童基金会。

这封信的目的，在于帮助你更好地理解我们的目标，并在该方案上寻求您的支持。

希望您接受我们的邀请，成为"儿童Espace"基金会（F.E.E.）创建人之一。我们将欢迎您的支持並高兴地将我们的工作进展情况通报给你。

热烈地欢迎你参加

韩素音　玛丽-简妮　路叶蒂

优秀的儿童文学作品，是全人类的精神财宝。它作为受欢迎的朋友，在世界各国的儿童中间流传。它哺育了一代又一代孩子的心灵，它撒下真善美的种子，使人类充满了爱，使未来充满了希望，善良的人们都不会忽视它。

每个人都有童年，不论它是幸福的还是悲惨的，童年的回忆总是迷人的。它象遥远的回声，在岁月的峰谷中回荡，显得更清晰而深沉。它唤起一种感情，使你总爱孩子。童年的印象留下的印痕是很深的，它就象刻在岩石上的花纹，经过多年风吹雨淋，也抹不掉它。

我的童年是在一个偏僻的小镇度过的。一座破旧的古庙改成小学，阴暗的殿堂殿作教室。然而，老师给我们读了许多世界儿童文学名著。从儿童书里，我们知道了安徒生，知道了都德，知道了地球上有一个最美丽的国家瑞士，它象一幅动人的图画，镶嵌在世界上。它本身就是一篇迷人的童话。中国儿童都希望知道这个美丽的国家。我将把我看到的、听到的都写下来，让这些美好的印象，留在中国小读者的记忆里。

葛翠琳
Ge Cuilin
1988.5.

7 CiHui Hutong · Dianmen
Beijing · China   Tel:(01)4215:

My dear Jin Jianfan,

THis is to confirm tht I shall be arriving on October 18, and hope to see you with Madame GE CUILIN that evening. If this is not possible, then perhaps on the 22nd evening or 23rd evening.

I shall be going to Tianjin for a seminar on PREMIER ZHOU ENLAI AT NANKAI UNIVRSITY on October 19 to October 22 morning.

A french lady, the Baroness Nadine de Rothschild, whom GE CUILIn has met, is very keen to come to China next year and meet writers. She is a writer herself.

She has a plan to give a prize to a woman writer for writing a good love story.

We shall talk about it, and also the Interntional prize for child fiction, when we meet.

I am sending copy of letter to Ge Cuilin. I am very busy and so I hope she will forgive me for not writing another letter.

With affectionate regxdsxxx regards,

HAN SUYIN
37 Montoie Lausanne
September 6, 1988

我将于10月18日到达北京. 我希望见到你和茵翠琳在当天晚上. 如果不方便, 就在22或23晚上

我去天津参加周恩来纪念会19—22日, 拟后回北京. 一位法国贵妇人, 希望明年去中国. 茵翠琳在瑞士评奖曾参加过她的宴请并和她认识, 这位夫人也是一位作家. 她准备给中国女作家一项文学奖, 到时候我们好研究此事, 并研究有关儿童图书奖. 以俟当我们见面时再具体详谈. 此信给茵翠琳.

光 阴门
(素音)

Copy to Ge Cuilin for information
在北京再见!

My dear friend, 华林

I have very good news for you. The Australian director of the publishers association is interested in the children's fiction Piaget enterprise, and negotiations are now being carried on.

It would be very good if this could become a triangular venture, that is, CHINA, SWITZERLAND and AUSTRALIA. The British are also interested.

I will let you know how things proceed. I feel that we are right in wanting quality, honesty, rather than the mediocre, vulgar selling of books as if they were bottles of coca cola or tins of peas.

The two tendencies are now confronting each other. I am afraid that the writers of China do not understand this. They think the moon in the west is bigger than in China.

I shall be in China in October, and I hope to talk to the writers association about some of their problems. Perhaps you can arrange it with our good friend JIN JIANFAN.

Much love,

37 Montoie Lausanne Switzerland June 11, 1988

PLEASE SEND AS SOON AS POSSIBLE PHOTOCOPIES OF ALL ARTICLES IN CHINA ABOUT THE PIAGET PIRYE: THIS IS VERY IMPORTANT IN ORDER TO CARRY OUT NEGOTIATIONS:

▲ 在瑞士伯尔尼

▲ 在日内瓦开会前受邀在伯尔尼韩素音寓中停留数日

▲ 在瑞士儿童书籍国际奖出席颁奖会。与韩素音摄于日内瓦的会场

A.P.P.L.E.

ASSOCIATION POUR LA PROMOTION DU LIVRE POUR ENFANTS
ASSOCIATION FOR THE PROMOTION OF CHILDREN'S BOOKS
22, CRÊTS-DE-CHAMPEL · CH-1206 GENÈVE · TÉL. (022) 47 67 82

PRIX INTERNATIONAL DU LIVRE POUR ENFANTS

GENEVE 1988

COMPOSITION DU JURY

Président

Alfredo MUNARI, professeur de psychologie à l'université de Genève.
24 Rue du Général Dufour, 1207 Genève

Suisse

Marie-Jeanne Luyet, psychologue et éditrice, présidente de l'A.P.P.L.E.
22 Crêts de Champel 1206 GENEVE

France

Geneviève Patte, directrice du Centre National du Livre pour Enfants.
2 Rue St Bon, 75001 PARIS

Italie

Rosellina Archinto, éditrice spécialiste des livres pour enfants.
13 Via San Maurillio 20123 MILANO (Italie)

Allemagne

Rolf Zitzlsperger, directeur de la "Lesgesellschaft".
2 Raimundi strasse 6500 MAINZ 1 (R F A)

Espagne

Manuel Barbadillo, éditeur de publications pour l'enfance et la jeunesse
Editions S.M. 39 General Tabanera 28044 MADRID (Espagne)

Amérique

Mary Martin, Unicef Genève, mère de deux jeunes enfants.
Unicef Palais de Nations 1211 Genève 10

Japon

Hirokumi Sugahara, éditeur, spécialiste de l'histoire du livre pour enfants.
Editions Funkuinkan Honkomagone Bunkyoku TOKYO 113

Chine

Ge Cui Lin, membre du syndicat des auteurs de la République Populaire de Chine, spécialiste des livres pour enfants.
Ci Hui Hutong, Di An Men BEIJING (P.R. of China)

▲ 儿童书籍国际奖评奖委员会名单

▲ 与资助儿童书籍国际奖的伯爵夫人在颁奖会后相聚

▲ 瑞士儿童书籍国际奖颁奖会后相聚

▲ 瑞士儿童书籍国际奖评委会在日内瓦开会

Montreux, January 18, 1988

Dear Mrs Ge Cui Lin,

I would like to thank you for the tea you offer me through Mr. Xu Zhongming when we met last week in St. Moritz.

I am very grateful for your kind gesture and I renew my deep gratitude.

I would very much appreciate, when you are in Geneva, that you get in touch with me. You can telephone me at the indicated number : 021 / 963 32 20.

Looking forward seeing you fairly soon, with my renewed thanks, I remain, with best regards

R. Jaussi
Director

▲ 瑞士儿童书籍国际奖评委会主席在颁奖会上。《野葡萄》被评为优秀作品

▲ 瑞士儿童书籍国际奖在日内瓦开颁奖会。评委在会前观看参评图书

Berne, Jan. 25. 1938

Dear Mrs. Ge,

Thank you ever so much for your letter and the very pretty souvenirs you sent us. You Chinese people are so very creative with your hand, you seem to have much more patience for doing such lovely things.

I sincerely hope that we can meet once, when you stay in Switzerland, I would very much like to show you around Berne. Berne is a medevial town which kept its character in the city, but has quite modern surroundings, and is worldwide known for its bears-pit. Although some visiters think it's crueltyy against animals, the bears seem to like it, as they always get babies.

I do wish you a prosperous 1938 and send my best wishes, also from my husband,

Yours sincerely

Suny Schwarz.

▲ 在巴黎

▲ 和法国朋友在
凡尔赛宫

▲ 摄于凡尔赛宫庭院

▲ 在巴黎凡尔赛宫

▲ 游览罗浮宫

▲ 游览罗浮宫

▼ 在凡尔赛宫

▲ 在巴黎

▲ 凯旋门前

▲ 在凡尔赛宫

◀ 观赏法国凡尔赛宫庭院喷泉

ДЕТСКАЯ ЛИТЕРАТУРА

ежемесячный
литературно-критический
и библиографический журнал  6'88

**Номер посвящен детям,
детской литературе и искусству для детей
Китайской Народной Республики**

▲ 俄罗斯刊物。1988年6月，介绍中国儿童文学作家

Фэн — член правления Союза китайских писателей, председатель Фуцзяньского отделения СКП.

Гэ Цуйлинь. Родилась в 1930 году. Окончила факультет общественных наук Яньцзинского университета в Пекине. В начале 1950-х годов работала в Пекине секретарем Лао Шэ в Ассоциации работников литературы и искусства. Гэ Цуйлинь — профессиональная писательница, член правления Пекинского отделения Союза китайских писателей, ответственный работник комиссии по детской литературе.

Публикуется с 1949 года. Основные произведения: «В поисках раковины», «Дети в Храме Неба», «Дети цветов», «Дедушка, который моложе внука», «Кукла, которая умеет кувыркаться», «Самый отвратительный красавец» — всего более десяти сборников, а также роман «Синекрылая птица».

«Дикий виноград» был удостоен первой премии на Всекитайском конкурсе дет-

ской литературы, а снятый по нему телефильм — второй премии на телефестивале в Мюнхене. Книга переведена на английский, французский, немецкий, русский, японский языки.

В 1979 году вместе с Цзинь Цзинем составила антологию лучших сказок и басен, написанных за 30 лет существования нового Китая.

Е Цзюньцзянь. Родился в 1914 году в провинции Хубэй. Окончил факультет зарубежной литературы Уханьского университета в 1936 году. Затем преподавал английский язык в Японии. По возвращении, после начала антияпонской войны работал в отделе пропаганды под руководством Го Можо.

В начале сороковых годов поехал в Англию и занимался антифашистской пропагандой. После второй мировой войны изучал европейскую литературу в Кембриджском университете. На родину возвратился в 1949 году и начал в соавторстве с Мао Дунем редактировать журнал

«Китайская литература», выходящий на английском и французском языках, он был на этом посту до 1974 года.

Писателю принадлежат роман-трилогия «Земля», трилогия «Тихое захолустье», а также произведения для детей: «Новый однокашник», «Юный слуга», «Настоящий и ложный император». Е Цзюньцзянь познакомил детей со сказками Андерсена, сделав полный перевод произведений датского сказочника на китайский язык.

Является членом Президиума Союза китайских писателей, председателем комиссии литературного обмена Китая с зарубежными странами при СКП.

Е. Шэнтао (1894—1988). Родился в городе Сучжоу провинции Цзянсу. Вел преподавательскую работу, в дальнейшем перешел на редакторскую. Был главным

редактором ежемесячного журнала «Проза» («Сяошо юэбао»), «Женского журнала» («Фунюй цзачжи»), журнала «Школьник» («Чжунсюэшэн») и других изданий. После победы народной власти был заместителем председателя Управления по делам издательств КНР, заместителем министра образования, директором издательства «Народное образование» («Жэньминь цзяоюй чубаньшэ»), заместителем председателя Народного политического консультативного совета КНР, занимал другие посты. С первого номера журнала «Детская литература» и до своей кончины в феврале 1988 года являлся членом редколлегии и консультантом редакции.

Литературную деятельность Е Шэнтао начал с юношеских лет, писал главным образом рассказы и очерки. Написанные в 1921 году детские рассказы и сказки выдержали в дальнейшем более сорока изданий. Его перу принадлежат сборники «Пугало» (1922), «Памятник героям древности» (1931). Произведения Е Шэнтао отличаются высоким художественным уровнем, простотой и понятностью языка, он является одним из признанных мастеров художественного слова.

Е Юнле. Родился в 1940 году в городе Вэньчжоу провинции Чжэцзян. Начал публиковаться в 1951 году. В 1960 году вышла первая книга. В 1963 году окончил химический факультет Пекинского университета. Член шанхайского отделения Союза китайских писателей, член правления Всемирной ассоциации писателей-фантастов.

Он рано испытал влияние известного китайского популяризатора науки Гао Шици и советского писателя М. Ильина и постепенно занялся научно-художественной литературой. Его научно-фанта-

стический рассказ «Знайка путешествует в будущее» был удостоен первой премии на Втором всекитайском конкурсе детской литературы и издан общим тиражом 1,5 миллиона экземпляров. Е Юнле написал также много научных книг, басен, стихов. Он составил 32 выпуска телепередачи «Знайка», показанной по Центральному телевидению КНР.

Сейчас в основном работает в жанре документальной прозы. Его произведения переведены в США, Англии, Франции, Японии, ФРГ, Швеции, Чехословакии.

▲ 1998 年苏联《儿童文学》杂志第六期（中国儿童文学专号）

 《野天鹅》剧照
葛翠琳编剧
该剧于1988年获文化部优秀剧目奖

Featuring
葛翠琳

- Award-winning stories, including 《野葡萄》 and 《春天在哪里》
- Original audio narrations by 葛翠琳

National Children's Literature First Prize
全国儿童文学一等奖《野葡萄》

China's National Outstanding Children's Literature Award
中国作协优秀儿童文学奖
《会唱歌儿的画像》

Dudu Personalised Chinese Learning System

THE IMPORTANCE of READING!

" Higher reading exposure during infancy and early childhood stages is positively correlated with improved semantic language processing. "

- American Academy of Pediatrics, 2015

▲ 作品在新加坡出版

▼ 与诗人温承训参加北京作代会

▲ 与胡絜青(老舍夫人)会见新加坡作家

◀ 加拿大华人作家葛逸凡。童年的小伙伴,她去了加拿大,六十年后相会在北京

读《蓝翅鸟》后的感想

[加拿大] 葛逸凡

这是一部触动心灵震撼、激发深思的长篇小说。时间在二十世纪三十年代后段的一个秋天起始的一整年。地点在中国大陆北方滨海的一县，充分地展示着那个时代及浓郁的乡土色彩风味。

这部小说的结构，以红姑娘（苦姑娘）的一家，爷爷、奶奶、爹、娘、哥哥（弟弟在前几章）为主体，叔曾祖家、姥姥家为支干的家族大树。内容情节织造的秩序组合，令我很自然地想到了巴哈的钢琴练习曲；悲喜苦甜的穿插亦呈现了波浪形态的节奏感应。作者采用当地的语言，乡土的韵味浓郁自然，行文优美传神。这部著作不但叙述了家人的故事、情况、心灵感应、社会的形貌风气，还包括了乡土艺术的皮影戏、儿歌、谜语、庙会、鱼市场、野菜野果等，堪称一部繁富的巨著。

蓝翅鸟在小笼子里；人在习俗传统的大笼子里，除了疾病死亡守寡的悲凄，还加上了"无后"的恐惧。人要依靠儿子度风烛残年，需要儿孙在坟墓烧纸烧香填土，所以要盼望生儿子，百般宠儿子，没儿子要过继，甚至如大舅母抢夺儿子。在第八章《训诫》一篇，八十多岁的叔曾祖父因将要过继的重孙子夭折，竟说："你们叫我死后怎么去见老祖宗？！如今这孩子没给我保住，你们有什么脸见我？一群废物！就这么个男孩子也没留住。难道你们就让我连个继承门第的重孙都没有就窝着心进棺材？！"这段淋漓尽致的描述映现了当时的世态，也是人性刻画的登峰造极。

在男性盘踞绝对优越地位的社会中，女性却作践同类，把男人抬得更高。女人使寡妇的日子雪上加霜！姑姑的婆婆无情冷酷！二奶奶盼望患病的儿媳

（五婶）死掉，以便儿子再娶；不让儿子和将要去世的妻子见面，连站在窗户外说句话都不允许，充分地显示了不寒而栗的母亲的权威。小舅母在遭受抢了她儿子的女人的刑罚，加上个天天挨打的苦命儿，这个女人的悲惨世界的制作者却是女人！为什么？这种心理因素，值得探讨。

二十世纪是强调英雄的时代（前大半段）。1916年获得诺贝尔文学奖的法国文豪罗曼·罗兰心目中的英雄，不是大力的征服，不是巨人称雄，而是真诚至善的崇高心灵，无止息地与环境命运战斗；英雄是耐苦者，执着光辉的理想人道精神。这部长篇中的奶奶完全符合了真正英雄的条件。奶奶是位身体精神俱健的绝对强者。那位纺纱织布、将碎柴枯枝杂草小树枝刺儿棘藜丢进灶口里而手上不扎刺；用手把冒着烟的火炭从火盆中捡出去，也不会受伤。"这是一双神奇的手，万能的手。奶奶眼神中有一股庄严的气质，甚至艰难也难不住她，多大的痛苦也压不垮她，奶奶总是把一个个的难关渡过去。"当她的孙子受伤的时候，她说人在难处要刚强。她的天性慈祥无私，文中表述"奶奶处处想着别人，唯独没有她自己"。人的智慧是天生的，村妇奶奶不但聪颖，且有说服的本事，瞧瞧她能够使凶暴专横的大舅母，流泪着倾诉满肚子的委屈，然后点头，最后低头不语。这位老太太集才智、美德、毅力于一身，也就是民族的气节与风骨。自古中华文化重视母教，贤良的母亲教养，也成为我们民族的力量，能够历经忧患重见光华。

红姑娘的爷爷、爹娘都是正直善良的强者。"松树从不弯腰，竹子有节才挺直。"爹爹因为教训了县长的儿子，被校长辞退，在回家的路上，被人打伤了。他对女儿说："人活一辈子，要经历多少磨难艰辛，只要问心无愧，光明磊落，就是吃什么苦，受什么样的罪，也是强者。"爹娘都有在苦中作乐的胸襟风趣，说出"房外下雨滴答响，房内下雨响滴答；屋外雨点连成线，屋内雨水连成片……"这种潇洒，出于大智慧。

红姑娘承受了爷爷奶奶及双亲的遗传因子,加上了她个人的禀赋,在小小的年纪,心中产生了一连串的问号。"为什么女孩子就要受气呢?""为什么媳妇死了可以再娶,丈夫死了就不可以再嫁呢?""没有生儿子的女人很苦,生了儿子的女人也很苦。死了丈夫的寡妇可怜,有丈夫又生了儿子的年轻媳妇也很可怜。这是怎么回事?"她没有办法弄明白人究竟该不该说谎;可怜的好人都在说谎,不说谎的二舅更可怜,到底为了什么?

红姑娘一家的温馨团圆时光,人们的深情至爱展现在让来让去的烤熟的红薯上(第十五章)。"爷爷高兴地吃了一小口……奶奶假装咬了一口……爹娘和姑姑都说自己有了,让哥自己吃。哥把一大半儿分给妹妹,苦姑娘一口儿咬定,说自己不爱吃红薯,一边咽着唾沫,一边眼望着哥哥把红瓤儿薯吃进肚里去了。"读者看到这段,能不心疼吗?

作者敏锐地搜索到人的心灵深处、至柔的角落——望门寡居二姑奶的梦想是收到一封信。苦姑娘制造了一封五叔给妻子的信来安慰将去世的五婶,像个小天使似的。她因此也知道了写出字的威力。

苦姑娘看书的感受,带领读者到了极美的境界。失明的爷爷办私塾,创造了人间奇迹。六个学生中的带弟儿姑奶学习得努力,如魔如痴,且看她在滤灰水大筐里练字的一段:"她就在柴灰上面写满了字,然后泼上几瓢清水,那些字就淹没在水里消失了。带弟儿姑奶凝望着浸泡在水里的柴灰,湿漉漉一片,听着灰水滴落的声音,悄悄地对苦姑娘说:'你听!你听!那些字落进水缸里,叮咚叮咚响。'"(第三十二章)这是诗情迸发的创造!

作者对性格的刻画细腻,心理的描述出神入化。姑姑乘牛车赶回婆家,想着新婚三天离家久别的丈夫就要回来了。"石头叔心事重重地沉着脸,眼睛里似乎带着哀伤的情绪。姑姑沉浸在幸福的幻想里,只顾低着头想心事……她的嘴角时而露出一丝微笑,时而羞答答地抿着嘴唇……"这一段描述姑姑的眼中脸上的表情，触及微妙的思绪，如神来之笔。

用农作物来形容人的面孔，该是首创。"脸上一副愁苦相，就像霜打了的青葫芦。面孔灰白干瘪，布满了一道道很深的皱折，就像老核桃壳儿一样。""人们大气也不敢出，头低得像吊挂着的茄子。"这般描述，真妙！最后一章《再见了，故乡》，作者的至性深情，印在纸上。苦姑娘告别了亲人，小伙伴们带着礼物送别，在前往遥远省城的离别时刻，对每棵树的凝望，唤发了草木有情人物合一的相恋。"她望着村里高大的白杨树……她望着每年结满红桑葚的大桑树，望到家家喜爱香椿芽儿的香椿树，望着帮助穷人度过灾荒的榆钱树，望着果实可以染出绿布的老槐树，望着枝条儿可以做响笛儿的大柳树……仿佛亲切地呼唤着：别忘了故乡！别忘了故乡！"这段情景交融的文章巧妙地包含了每棵树的功用！

这部长篇小说的引子和三十四章写到了同一棵杏树，呈现了这部著作的完整。四十二章里带弟儿姑奶、麻脸儿姑娘、教堂里最年轻的婶婶、姑姑的小姑都跟着红军的队伍走了，蓝翅鸟飞向空中。象征着：一个时代将要结束，接着来的是另一个时代。

写于 2008 年 11 月 10 日

书评载《珍珠港报》(夏威夷华文作家协会主办)

2009 年 5 月（第 54 期）

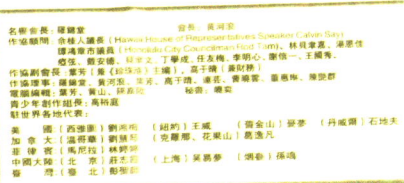
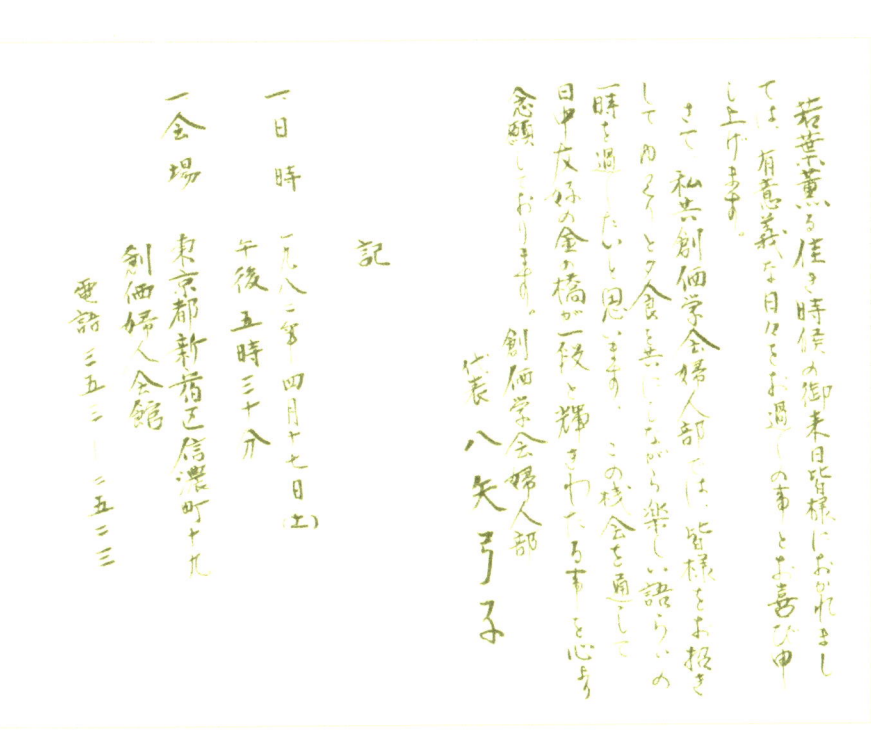

東京都日本中国友好協会
TOKYO JAPAN-CHINA FRIENDSHIP ASSOCIATION
東京都千代田区神田錦町1-4 日中友好会館
電話（03）295-8241(代) 《郵便番号101》
CABLE ADDRESS : TKYNITTYU TOKYO

葛翠琳 先生

好久没見了。您身体好吗？ 我好。

新緑の季節となり 風もさわやかで、五月五日 日本の子供の日を祝う鯉のぼりが、空の中を元気に泳いでおります。 街路樹の梢から艶々とした葉が 風にそよぎ、つつじの花が咲き、春を告げる すみれ 桜草 鈴蘭 藤の花等々 赤白黄桃等と、顔を寄せたいほど、愛おしく咲いております。 生命の水々しさと溌剌さを感じるのも 春ならではのことです。
北京もさぞ美しいことでしょう。

先生の 藍翅鳥 の本 たしかに いただきました。 思いがけなく 私は 驚ろきました。そして 嬉しくなって、胸がときめき、先生のお優しい笑顔が 懐いだされ 本を抱きしめました。

東京都日本中国友好協会
TOKYO JAPAN-CHINA FRIENDSHIP ASSOCIATION
東京都千代田区神田錦町1-4 日中友好会館
電話（03）295-8241（代）〈郵便番号101〉
CABLE ADDRESS : TKYNITTYU TOKYO

貧しい少女の物語を 中国語で読めないのが、とても
残念ですが、必ず内容は 理解するよう努力いたします。
先生の描かれた本であり、表紙の女の子の表情が
私の胸を揺り動かすのです。反封建 反帝国主義の
戦争の中で この少女の遭遇した運命は、どうなるの
でしょう。

　これからも 先生の益々のご健筆をお祈り
いたします。

　同封いたしました 小冊子「窓」は、私の小さな
作品が入っております。これは 私達の
グループが主として、50代が 3年半に 作った会です。
夫々が 思い想いの ことを描いて発表しています。

　本格的に 小説を描いている人もいますが、
専門家でなく 家さをながら 仕事を持っている人です。
　職業は 教師 会社員 作陶家 学研究 画家と
さまざまです。

　機会が ありましたら お逢いしたいと思います。
有難う ございました。感謝 再見　　坂田和子

尊敬的葛翠琳女士：

我们乘船行驶在中部太平洋诸岛，菲律宾附近。作为日本青年学生三百人的先导，继续着自八月开始的「创造和平旅行」。

这是第五次「和平之旅」。84年我曾正式访问过中国。86年就"无核"问题同中国朋友进行了交流。

在船上我拜读了您的「婆婆娘鸟」，深为那不畏艰难、勇往直前的女炊师打动。

感谢您送给我那么出色的书。不礼送了清原达。

去年之夜访问中国两年已逝以往。您那恬静的微笑至今难忘。您渊博的知识、热情、包容力和洞察力，使我受到很大鼓舞。

我愿为未来的和平幸福不断努力。   今年12月

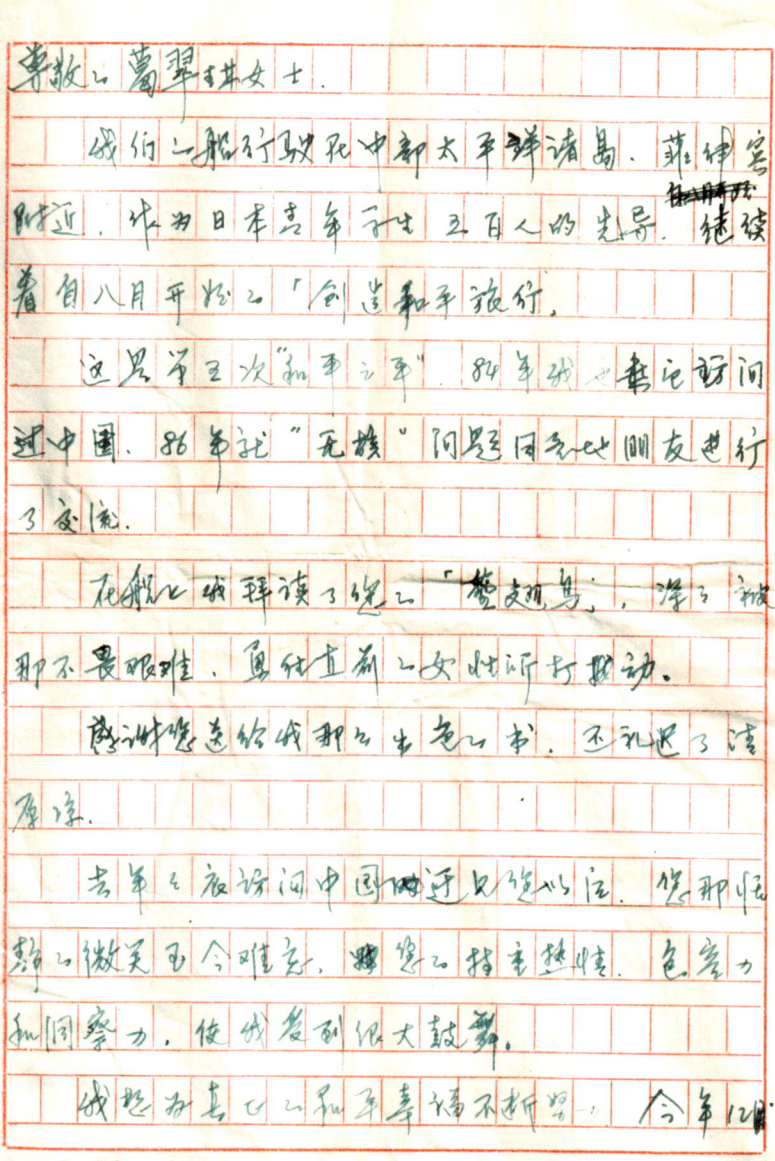

月我将去中国东北进行日本侵华史调查。预性签另一个月来。

希望看到您的信。

致礼

1986.9.6

日本国东京都世田谷区北沢一丁目十一12

林郁

▲ 日本作家林郁的来信，他从事中日友好活动，友情真挚

中国作家协会

葛翠林同志：

您好！

近日收到我驻土耳其使馆来函，告土耳其儿童文学科委员会要求我们在今年10月之前向其提供在世界上享有名气的中国儿童文学作家的姓名、照片、简历、作品及其英译本。该委员会准备出版《世界儿童文学作家作品集》。请您在近期内将您的简历、照片、作品及英文译本一并寄我处，由我们转交对方。

此致

敬礼！

中国作家协会
对外联络部
88.7.5.

From injured spirits to rich, lively imagination

"Save the children!" These were the words with which Lu Xun (1881-1936), the founder of China's modern literature, concluded "Madman's Diary," his first short story written in 1918 and the first short story of modern Chinese literature. That work, however, was not about children but about the inner feelings of a man suffering from "persecution mania." Lu Xun used this image to expose the spiritual wounds inflicted on the Chinese people over thousands of years by the feudal patriarchal system and its ethical code, and by the hypocritical Confucian teachings of "benevolence," "justice" and "virtue." His words show that he placed his hopes for the future in the children and the young people.

No childhood

Like Lu Xun's madman, China's children also suffered under the old feudal system. They had no real childhood in the old society, either materially or spiritually. From the moment they began to learn to read — if they had the opportunity — they were brought up as apologists for the feudal order and young "old men." They were not allowed to read anything other than Confucian classics. In old China, therefore, children's literature was not developed. And, although there existed a rich body of legends and fairy tales among the people, it was not highly regarded or systematically recorded.

This situation did not change until Lu Xun made his anguished call. Only after that point did children's literature become part of China's literature. Indeed, Lu Xun himself was a pioneer in this work. Although he didn't write any children's stories, he translated many famous classical and modern European children's stories, which served as examples for China's new writers of children's literature.

Romanticism

He also wrote about the theories of such writings. Encouraged by his example, famous modern Chinese writers such as Mao Dun and Ba Jin also contributed to the development of a Chinese children's literature. Through their translations and creative writing they stimulated a rapid development in this new area of culture.

In its early development, modern

"The Magic Flute and Other Children's Stories"
By modern Chinese authors
Illustrated. 167pp.
New World Press, Beijing, China.
RMB 1.50 paperback. RMB 2.60 hardcover.
Available in China at the Waiwen Shudian (the Foreign Languages Bookstore) in major cities.
Distributed abroad by Guoji Shudian (China Publications Centre), P.O.Box 399, Beijing.
Reviewed by YE JUNJIAN

Chinese literature was inspired by the idea of criticizing and transforming reality. Because of their different readership, however, children's stories did not appear to take this approach. They were rich in imagination and romanticism. But their imagination was not that of unbounded illusion. It was closely related to the reality of Chinese society, the future of the country and the development of the character and qualities of the children themselves. This was just what Lu Xun meant by his call, "Save the Children!"

The works collected together in "The Magic Flute and Other Children's Stories" have not, of course, been chosen simply to illustrate Lu Xun's words. Instead, they are intended to show the way China's children's literature has evolved and the directions it has taken since the call was made.

First and foremost, therefore, it is a collection of stories to be read by foreign children who know English. The tales are varied, moving and lively and they set out to appeal to the young readers.

Pulse of the time

The twenty stories in the collection come from two historical periods. Around one fifth were written before the founding of the People's Republic in 1949. The rest come from the period of socialist development since 1949. In some ways, therefore, the collection gives a general idea of the course of development in China's literature.

On glancing through the book, the reader soon discovers that there is a wide range of stories with a rich variety of content and style.

Even more important, despite the fact that all the stories express their authors' lively imaginations, the reader still feels the pulse of the times when they were written, and is aware of the changes in Chinese society and the underlying approach to the education of children.

Educational value

Ye Shengtao's "The Emperor's New Clothes" is a Chinese version of the famous story by Hans Christian Anderson. The author uses the story to make a fierce attack on the rulers of the old society.

"The Wild Grapes" and "The Peacock with the Fiery Tail" teach young readers that the happiest people in the world are those who are concerned for and help others. This is the way to create happiness for oneself.

"King of the Forest" symbolically shows that those who threaten others and always try to lord it over the people are eventually destroyed by those they seek to bully.

Conveys message

The stories are all written in a lively style, full of wit and humour. The plots make one want to read on and the lessons of the stories are conveyed through our enjoyment of them.

In terms of subject matter, the stories written before 1949 concentrate on exposing the grim reality and the corruption and deceit of the rulers of the old society. Those written after 1949 emphasize the development of children's characters and qualities. They all reflect the spirit of their times and convey a certain message. Indeed, one might ask whether any literature could be without a message? But these stories do not simply teach. They achieve their purpose through their gripping content. As a result, they are widely loved by children throughout China.

Now that they have been translated into English, they have taken on an extra feeling of freshness. This is a fine collection of children's stories which will not only satisfy the young reader but will also attract the student of China, those interested in literature and many adults.

▲ 《中国日报》介绍《野葡萄》

昨天，明天

童年时期，总盼着明天快点儿到来，盼着快快长大。

明天，象征着希望、快乐、成功……一切美好的事物，都可能藏在明天的脚步里。未来，是漫长的岁月。

小孩子的昨天太短，很少去想它。

猛回首，七十年过去了。未来只剩下了一段尾声。

人生的路似乎很长，又仿佛很短很短。但我的每一个脚印儿，都是和祖国的命运紧紧相连的，民族的苦难和屈辱，国家的繁荣和强盛，人民的血泪，山河的壮丽，历史的惨痛沉重，未来的辉煌远景……一一映在我的心上，融进我的血液中，化成全部的爱，捧给孩子们。

半个世纪里，从山区到渔岛，从乡村到大草原，从城镇到边寨，从亚洲到欧洲，我感受到孩子们眼睛里爱的光焰。

冰心老人写过一句话："有了爱就有了一切。"

孩子们给了我这人间最难得的珍宝。我是幸福的人。

我的书记录了童年的脚印儿，一生的坎坷道路，带着幸福的泪珠，把它捧给孩子们，是祝愿，是期待，也是心灵与心灵的交谈。

韩素音写过几句话：

小朋友们，你们是我们的明天，
我们是你们的昨天，
但是我们的工作并没有终结。
让我们携起手来，一起创造

一个更美丽的中国,

一个更文明的世界。

我和孩子们一起走向未来,明天延伸得很长很长。

2000年10月于红楼

参加少先队活动

生活是一本生动的大书。

大自然给人智慧和力量。

知识是光，照亮前进的路。

拥抱生活、拥抱大自然、拥抱知识，

就会拥有丰富多彩的人生。

▲ 深入小学

寻找

童年，喜欢玩捉迷藏。

在不断地寻找中，

一双双小脚印儿，

伴随着欢呼和笑声。

人生的路也是这样，需要努力寻找。

也许快乐就藏在带刺的花丛里，

也许真善美就躲在平凡的旮旯里，

也许胜利隐蔽在痛苦的泪水中，

也许成功就紧跟在失败的旁边……

只要有恒心，坚持不懈地寻找，就会有收获。

在寻找的过程中，思考、判断、决定、感受和体验，不仅得到了智慧，锻炼了毅力，增长了勇气，还获得了知识、才能和力量。

寻找，永无止境。努力的结果，找到了答案，找到了目标，找到了朋友，找到了快乐，找到了新事物……

寻找，充满了魅力和憧憬，伴随着惊喜和激动，你会逐渐成长起来。

刊《儿童文学》

◀ 来自四面八方,相聚儿童文学课堂。广东儿童文学讲习班

▲ 会后与小读者交流

▲ 小小石子,讲述大海的秘密。摄于山东长山岛月牙儿湾

勤奋是成功的脚印儿。

失败，是下一次成功的起点。

学会寻找。
寻找快乐、寻找希望、寻找友谊……
在认真的寻找中，
会增长智慧、勇气、还有信心。

薛翠琳

◀ 参加儿童图书馆活动
　与读者交流

▼ 参加少先队活动

童话，象智慧的星，照亮心灵的幽谷和山峦
童话，象大山的宝藏，丰富多彩，闪烁着耀眼的光
童话，象叩击心灵的音乐，召唤你追求真善美的境界

故人手迹

一

百年冰心

朴初题

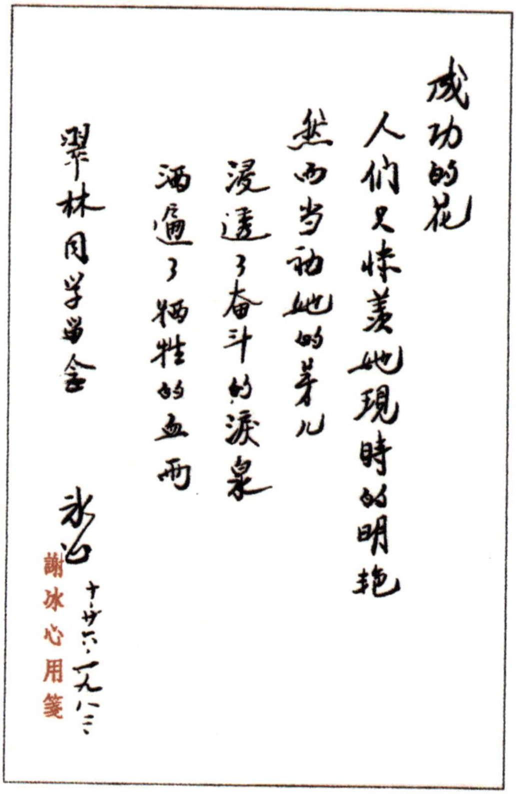

成功的花
人们只惊羡她现时的明艳
然而当初她的芽儿
浸透了奋斗的泪泉
洒遍了牺牲的血雨

翠林同学留念

冰心 一九八三

谢冰心用笺

修养的花儿
在寂静中开过去了
成功的果子
便要在光明里结实

冰心 九十七
一九九七

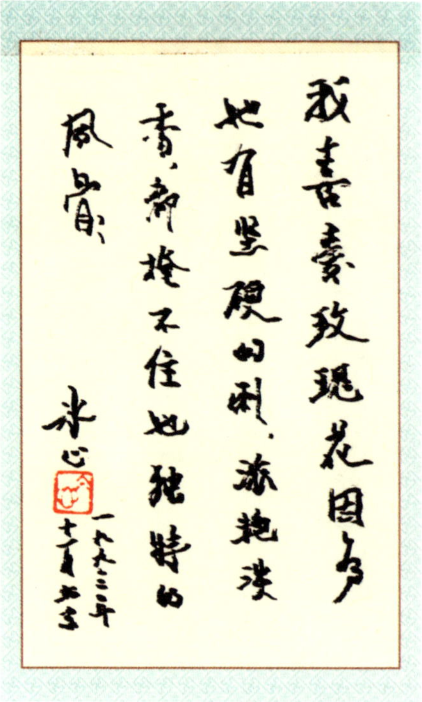

我喜爱玫瑰花因为
她有坚硬的刺,冰艳浅
青,都挡不住她独特的
风骨。

　　　　冰心 一九九三年
　　　　　　　十二月十六日

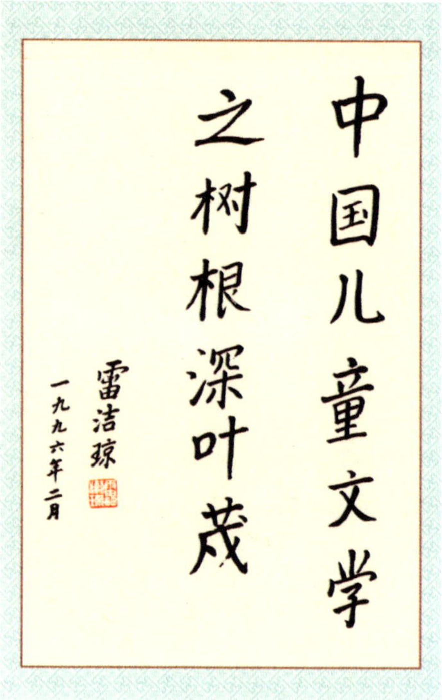

中国儿童文学
之树根深叶茂

　　雷洁琼
　　一九九六年二月

音乐，
儿童 心灵 的
　　　　摇篮

　　　韩素音
　　　Han Suyin

蜜蜂
　是能溶化的作家
从百花里吸出不同的香汁来
酿出她独创的甜蜜
　　　1991年10月冰心题

Dear 翠琳,

My right arm was twisted falling off a ladder in my house and it is still painful after three weeks. I have signed the statement for you and return it.

I will be inBeijing September 25, hope to see you.

Much affection,

August 15, 1992

翠琳同志：

你和林幸音那天来看我还未找到相片道歉是因电话听筒又在唐云不知你这几年的情况我从章回赵集及她处写，好久不见她们她也不作此想我很感激全家得你诗如果序集人是言都重之属别这是你的好意我太感慨了王琢任细话久长你再来坐谈一下，你请先通电话八二六二零五四八一。

忠 一九九二年一月

亲爱的秦青同学：

苏方威琳你给「永远的童图"展」的支持和增照，光阴过得真快你也七十五岁了，听说陆文堂先生和你身体亦差，请多上红粪字班中一顿间清秀字堂十二页就你们百年偕差余年如意

李 不二 一九五二

Dear ge Cuilin,
I shall arrive Beijing
Feb. 24（二月廿四日）。请您跟
对对友朋 杨志敏女士通话（借）
我有很多事要跟您谈。
　　祝您春节快乐
　　　　　　　　　素音
Han Suyin, 37 Montoie
　　　Lausanne 1988年 二月二日

親愛的箇翠琳：
您的电话是不是改便号嗎？
我從瑞士打不通。
　我八月十五日到達北京。
希望您給我打电话（卞
曉春会知道）。八月十八一廿二日
我在广州。我廿九日才回瑞士。
　祝您一切如意。　　素音

铁骨权桠托地坚
风风雨雨一年之
秋来结子红於锦
何与嫦娥闲嬉耶
证录枝诗 令老枣树也此生

葛華琳月志屋书
一九八三 ？廿月

Dear 翠琳

I am sending you two copies of a short preface for the publication you mentioned. I hope it is all right.

I hope all is well with the house.

Much love,

素音

37 Montoie, Lausanne 1007 Switzerland

April 3, 1992

Dearest 翠琳,

You are well. I often think of you, and of your great work and contribution to understanding between many cultures through the BING XIN Foundation.

We want to do more for this. My Indian husband wants to invite about 2 Chinese children to come to Europe (France, Switzerland, perhaps Germany, but I am not sure) next year.

He will write to you about this. I think it would be a very good thing indeed.

We are trying to get the President of France, Mr. Chirac, to sponsor the children.

I hope this will happen. My husband and I are cooperating on this. I think it is very important that Chinese children should come abroad to Europe.

At present, the newspapers and television are very very hostile to China now. This is because China is doing well. But this will soon change, I think. However, sometimes, Chinese propaganda is not the most ... and subtlety. But having Chinese children in Europe will, I think, be an excellent publicity for China.

With all my love and admiration,

素音

HAN SUYIN
37 Montoie, Lausanne 1007 Switzerland
October 9, 1995

I am greatly honoured to have been asked to write a few words for the publication of a souvenir album commemorating the YIN BINGXIN PRIZE for children's books. YIN BINGXIN is one of the great writers of our century. Her writings will never stale, but will continue to nourish generation after generation. I am happy that so many writers and publishers have dedicated themselves to creating splendid books for children in China, books which I can confidently say far surpass in variety and quality the production in many other countries.

I personally thank all the writers and publishers who have contributed to make the YIN BINGXIN PRIZE, and this publication, an important event in the world of children's books.

韩素音
HAN SUYIN
Han Suyin

April 1992

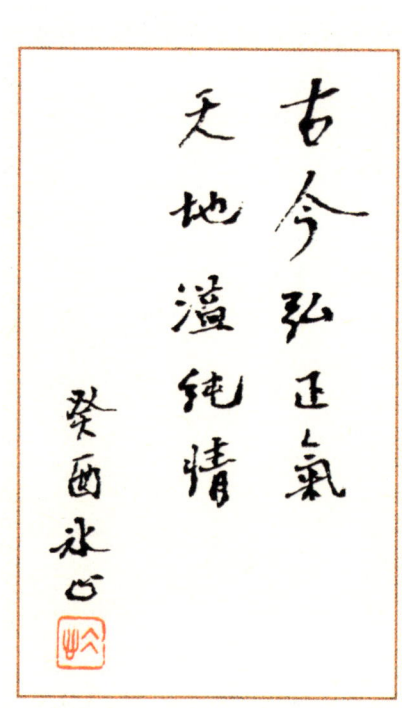

古今弘正氣
天地蘊純情
癸酉 永正

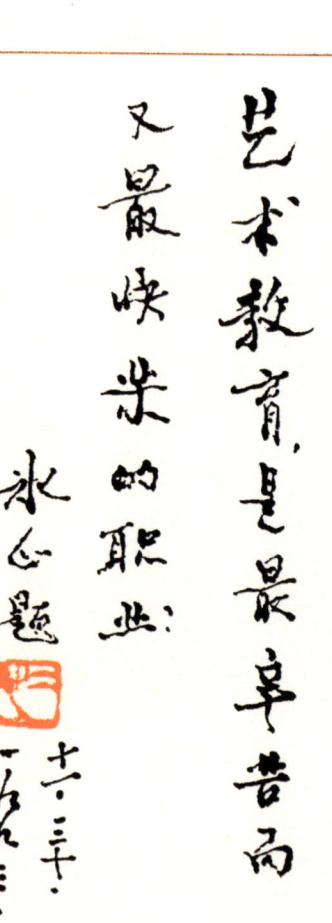

艺术教育，是最卓著而
又最艰巨的职业。
永正题
十二·三十·
一九九三·

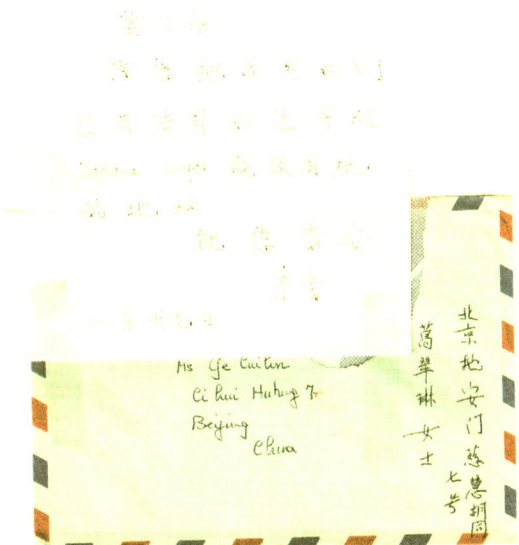

▲ 吴作人：育苗园丁（1983年葛翠琳作品获《北京日报》评奖一等奖，奖品为吴作人老人亲自书写的"育苗园丁"）

▲ 80年代葛翠琳被妇联评为"优秀少儿工作者"。妇联奖励的奖品为赵朴初老人书写的一幅书法

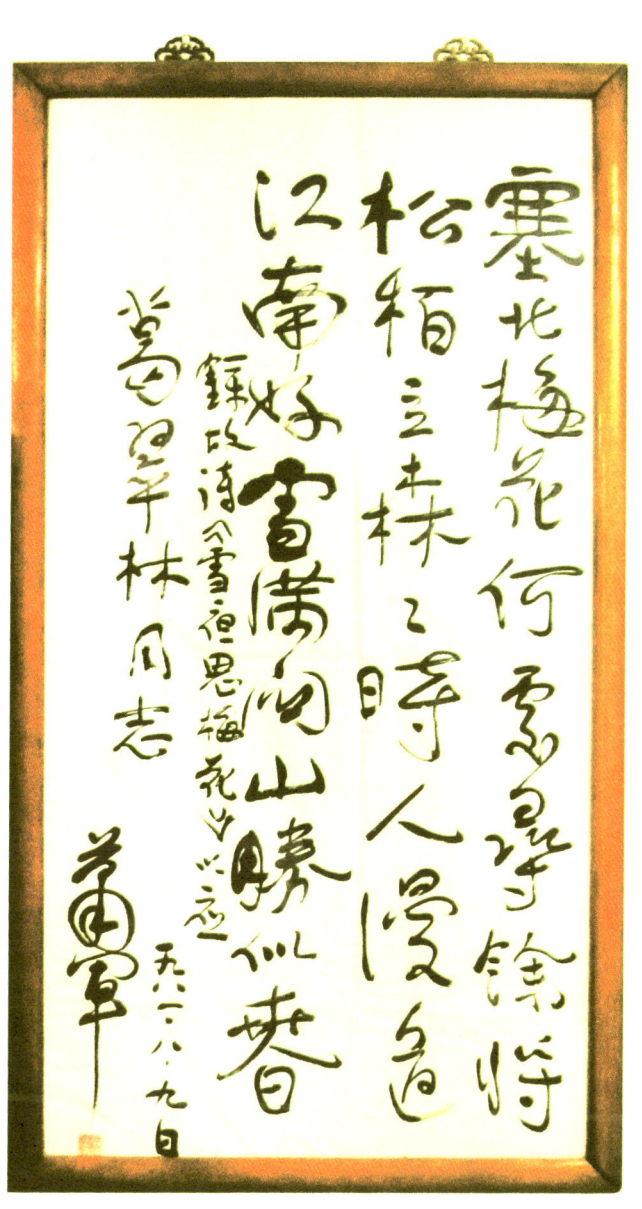

▲ 萧军诗作

童年的友谊

葛翠琳 词
张希贤 曲

F 调

美妙地、真挚地

(独唱或齐唱)

5 3 │ 3 - - │ 3 5.3 │ 2 3 - │ 1 5 5 - │ 1 - 2 │ 3 3 3 │ 2 1 2 2 - - │
啊， 童年的岁月， 我们朝夕相伴

3 5.3 │ 2 3 - │ 1 6. 6 - - │ 1 2 3 │ 5 5.3 │ 6 5 6 │ 5 - - │
童年的友谊， 我们会珍惜到 永远永远

3 5.3 │ 2 3. │ 1 6. 6 - - │ 3 5 5 │ 3 2 2 │ 1 6 6 │ 1 - - │
童年的友谊， 我们会珍惜到 永远永远.

合唱（或二部唱）

5 3 - 3 - - │ 5 5. - 5 - - │ 3 5.3 │ 2 3 - │ 1 6. 6 - │ 3 5 5 │
5 1 - 1 - - │ 5 3 - 3 - - │ 1 3.1 │ 7 1 - │ 6 3. 3 - │ 1 3 3 │
童年， 童年， 童年的友谊， 我们会

3 2 2 │ 1 6 6 │ 1 - - │ 3 5 5 │ 3 2 2 │ 1 6 6 │ 1 - - │
1 7 7 │ 6 3 - │ 5 - - │ 1 3 3 │ 1 7 7 │ 6 3 3 │ 5 - - │
珍惜到 永远永远 我们会 珍惜到 永远永远

6 5 6 │ 5 - - 5 - │ 4 - - │ 3 - - │ 3 - - │
永远永远 永 远
4 3 4 3 - - │ 3 - - │ 1 6 6 │ 1 - - │ 1 - - │
永远永远

(电开 01)

附录

出版年表

主要著作目录

《喜相逢》	图书业公会服务部	1950 年
《苦尽甘来》	宝文堂书店	1954 年
《野葡萄》	北京大众出版社	1956 年
《巧媳妇》	儿童读物出版社	1956 年
《采药姑娘》	天津人民出版社	1957 年
《金花路》	少年儿童出版社	1980 年
《比孙子还年轻的爷爷》	新蕾出版社	1980 年
《野葡萄》	人民文学出版社	1980 年
《小淘气的决心》	中国少年儿童出版社	1981 年
《野葡萄》	江苏人民出版社	1981 年
《翻跟头的小木偶》	江苏人民出版社	1981 年
《星儿落在北京城》	中国少年儿童出版社	1981 年
《蠢婆娘和巧媳妇》	新雅文化事业有限公司（香港）	1982 年
《野葡萄》	少年儿童出版社	1982 年

《葛翠琳童话选》	湖南少年儿童出版社	1983 年
《进过天堂的孩子》	四川少年儿童出版社	1984 年
《野葡萄》	上海教育出版社	1984 年
《花孩子》	辽宁少年儿童出版社	1984 年
《小猫咪》	北京出版社	1985 年
《蓝翅鸟》	新世纪出版社	1985 年
《白鹅女》	外文出版社	1985 年
《寻贝集》	新世纪出版社	1987 年
《宝宝看图讲故事画册》	未来出版社	1987 年
《最丑的美男儿》	海燕出版社	1988 年
《妖·鬼·人》	中国和平出版社	1988 年
《采果子》	重庆出版社	1988 年
《野葡萄》	光复书局（台湾）	1989 年
《童话王国》	化学工业出版社	1989 年
《葛翠琳儿童文学选》	北京少年儿童出版社	1989 年
《春天在哪里》	中国少年儿童出版社	1990 年
《一片白羽毛》	湖北少年儿童出版社	1990 年
中国著名作家幼儿文学作品选《迷路的小鸭子》		
	安徽少年儿童出版社	1991 年
《小灯笼》	浙江少年儿童出版社	1992 年
《会飞的小鹿》	安徽少年儿童出版社	1992 年
《葛翠琳作品选》	中国少年儿童出版社	1992 年
《葛翠琳中篇童话选》	希望出版社	1993 年
《野葡萄》（彩图版）	希望出版社	1993 年

《会唱歌的画像》	海燕出版社	1994年
《飞翔的花孩儿》	华夏出版社	1995年
《幸运明星》	希望出版社	1995年
世界名著之旅丛书《简·爱》缩写本	新雅文化事业有限公司（香港）	1995年
《水孩儿》	河北少年儿童出版社	1996年
《金花路》	中国少年儿童出版社	1997年
《野葡萄》	希望出版社	1997年
《会唱歌的画像》	西安出版社	1998年
《白蘑菇》	二十一世纪出版社	1998年
《云中回声》	西安出版社	1998年
《小铜镜》	新世纪出版社	1998年
《葛翠琳童话》	重庆出版社	1999年
《小公鸡和银鸽儿》	接力出版社	1999年
《精灵树》	海燕出版社	2000年
《鸟孩儿》	福建少年儿童出版社	2000年
《云中奇梦》	安徽教育出版社	2000年
《十八个美梦》	北京少年儿童出版社	2001年
《葛翠琳低幼童话系列》	河北少年儿童出版社	2002年
《树叶鼻子》	新雅文化事业有限公司（香港）	2002年
《十八个美梦》	山边出版社有限公司（香港）	2002年
《万能的残手》	辽宁人民出版社	2002年

红樱桃童话《春天敲门》《找妈妈》《绿色小屋》《两条腿的快马》

《小老鼠鼠老大》《能跑会跳的房子》《葫芦屋葫芦船》

《百年除夕夜》《伤心的小狐狸》《清水河花果林》			
	晨光出版社		2002 年
《野葡萄》	人民文学出版社		2002 年
山林里的故事《客人来了》《雪花飘了》《枫叶红了》			
《荷花开了》《柳条绿了》			
	少年儿童出版社		2003 年
《飞上天的鱼》	中国福利会出版社		2003 年
《问海》（中国现代经典童话）			
	联经出版事业有限公司（台湾）		2003 年
《会唱歌的画像》	中国少年儿童出版社		2004 年
山林童话《核桃山》《栗子谷》《红枣林》			
	少年儿童出版社		2005 年
欢乐的动物世界《小花鹿》《小灰兔》《小刺猬》			
《小松鼠》《小山羊》《小毛驴》			
	华东师范大学出版社		2005 年
《野葡萄》	湖北少年儿童出版社		2006 年
《中国草药的传说》	和平图书有限公司（香港）		2006 年
《绿叶的梦》	四川少年儿童出版社		2006 年
《空中小屋》	上海人民美术出版社		2006 年
猜猜看童话系列《谁从天上掉下来》《谁带来了雨》《谁的生日》			
《谁送来了梯子》《谁的新屋》《谁收到了礼物》			
	华东师范大学出版社		2006 年
《问海》	四川少年儿童出版社		2007 年

中国儿童文学名家书系《玫瑰的风骨》《小路字典》《会唱歌的画像》		
	晨光出版社	2007 年
《宝贝快乐童话》	甘肃少年儿童出版社	2007 年
《蓝翅鸟》	上海人民美术出版社	2008 年
《为了祖国母亲》	上海人民美术出版社	2008 年
《进过天堂的孩子》	新世纪出版社	2008 年
山林童话《核桃山》《栗子谷》《红枣林》		
	中国少年儿童出版社	2009 年
《会飞的小鹿》	中国少年儿童出版社	2009 年
《会唱歌的画像》	中国少年儿童出版社	2009 年
《野葡萄》	中国少年儿童出版社	2009 年
《葛翠琳童话典藏本》	浙江少年儿童出版社	2009 年
《小老鼠坐花轿》	少年儿童出版社	2009 年
《半边城》	福建少年儿童出版社	2009 年
《空中小屋》	福建少年儿童出版社	2009 年
《小老鼠 鼠老大》	福建少年儿童出版社	2009 年
《野葡萄》	新疆青少年出版社	2010 年
《飞上天的鱼》	新疆青少年出版社	2010 年
《会唱歌的画像》	湖北教育出版社	2010 年
《飞上天的鱼》	湖北美术出版社	2010 年
《问海》	四川少年儿童出版社	2010 年
《葫芦屋 葫芦船》	江苏少年儿童出版社	2010 年
天天典藏·葛翠琳《野葡萄》《进过天堂的孩子》《鸟孩儿》《会唱歌的画像》		
《山林童话》《会飞的小鹿》《最丑的美男儿》		

《古老的歌》《翻跟头的小木偶》《幸运明星》		
	天天出版社	2011年
《会飞的小鹿》	中国少年儿童出版社	2011年
《问海》	新蕾出版社	2011年
《乡情童话》	湖南少年儿童出版社	2011年
天天典藏·葛翠琳《蓝翅鸟》《小路字典》《柳叶船》《大海与玫瑰》		
《第三只眼睛》《十四个美梦》《名门后代》		
	天天出版社	2012年
《空中小屋》	海豚出版社	2012年
《飞上天的鱼》	中国福利出版社	2012年
彩虹树·名家典藏系列《两条腿的快马》《伤心的小狐狸》		
《能跑会跳的房子》《爱吹牛的小猪》		
	中国轻工业出版社	2012年
《浇灌你心中的花儿》	福建少年儿童出版社	2012年
《唱歌儿的金种子》	安徽少年儿童出版社	2012年
小学生必读名著《小白鹅找妈妈》《花孩子》《核桃山》《野葡萄》		
	北方妇女儿童出版社	2013年
《美文欣赏》	中国少年儿童出版社	2013年
《海的童话》	同心出版社	2013年
《唱歌儿的金种子》	中国少年儿童出版社	2013年
葛翠琳温馨童话小书坊《野葡萄》《飞上天的鱼》《会飞的小鹿》		
《小山龟》《核桃山》		
	江苏科学技术出版社	2014年
《会唱歌的画像》	南京大学出版社	2014年

《葫芦屋 葫芦船》	江苏少年儿童出版社	2014 年
《雪画》	广东教育出版社	2014 年
《野葡萄》	南方出版社	2015 年
《树屋三邻居》	天天出版社	2015 年
《进过天堂的孩子》	新世纪出版社	2015 年
《鸟孩儿》	天地出版社	2015 年
《云中奇梦》	天地出版社	2015 年
《翻跟头的小木偶》	济南出版社	2015 年
《葛翠琳专集》	北京联合出版社	2016 年
《野葡萄》	长江少年儿童出版社	2016 年
《野葡萄》	江西高校出版社	2016 年
《爱吹牛的小胖猪》	江西高校出版社	2016 年
《野葡萄》	北京少年儿童出版社	2016 年
国内大奖书系《栗子谷》《核桃山》《红枣林》	春风文艺出版社	2016 年
《叶儿青青》	天地出版社	2016 年
《身儿弯弯》	天地出版社	2016 年
《顶儿尖尖》	天地出版社	2016 年
《会唱歌的画像》	晨光出版社	2016 年
《会唱歌的画像》	广西师范大学出版社	2016 年
《野葡萄》	中国少年儿童新闻出版总社	2017 年
《野葡萄》	海燕出版社	2017 年
《最丑的美男儿》	晨光出版社	2017 年
《小胖猪不说谎》	北京少年儿童出版社	2017 年

画册

《草原红花》	人民美术出版社	1975 年
《草原红花》	人民出版社	1976 年
《金翅膀采蜜记》	河北人民出版社	1979 年
《野天鹅》	山东少年儿童出版社	1984 年
《花孩子》	中国少年儿童出版社	1986 年

宝宝看图讲故事画丛《新年妈妈》《春姑娘》《夏哥儿》

《秋婶婶》《冬爷爷》

	未来出版社	1987 年
《银鸽儿和小公鸡》	重庆出版社	1988 年
《采果子》	重庆出版社	1988 年
《小山羊和朋友们》	重庆出版社	1988 年
《找春天》	重庆出版社	1988 年
《迷路的小鸭子》	海燕出版社	1988 年
《花孩子》	新蕾出版社	1989 年
《寻找春天》	海燕出版社	1990 年

猜猜看童话系列《谁送来了梯子》《谁的生日》《谁的新屋》

《谁从天上掉下来》《谁收到了礼物》《谁带来了雨》

	华东师范大学出版社	2006 年
《春天在哪里》	中国少年儿童出版社	2009 年
《春天在哪里》	中国少年儿童出版社	2011 年
《会翻跟头的小木偶》	二十一世纪出版社	2011 年

欢乐的动物世界《有爱心的小花鹿》《学会分享的小松鼠》

《乐于助人的小刺猬》《小灰兔学耐性》

《乐于学习的小山羊》《小毛驴变勇敢了》
华东师范大学出版社　　　　　2011年
《怕热的小猪》　　　　甘肃少年儿童出版社　　　　2011年
《快乐的小松鼠》　　　甘肃少年儿童出版社　　　　2011年
《迷路的小鸭子》　　　二十一世纪出版社　　　　　2012年
《野葡萄》　　　　　　连环画出版社　　　　　　　2012年
中式童话绘本《小山羊吃早餐》《小鸭子学跳舞》《小花狗上学》
《远方寄来的太阳》《空中小屋》《肥小猪洗澡》
《快乐的小松鼠》《柳条绿了》《荷花开了》《枫叶红了》
《雪花飘了》《客人来了》
甘肃少年儿童出版社　　　　2012年
《快乐的小松鼠》　　　浙江少年儿童出版社　　　　2012年
《野葡萄》　　　　　　江苏科技出版社　　　　　　2013年
《迷路的小鸭子》　　　二十一世纪出版社　　　　　2015年
《野葡萄》　　　　　　连环画出版社　　　　　　　2015年
《红枣林》　　　　　　春风文艺出版社　　　　　　2016年
葛翠琳童书馆绘本《谁的姥姥》《谁的新屋》《谁从天上掉下来》
《谁送来的雨》《谁送来的梯子》《谁收到的礼物》
《谁的生日》《谁摘的山果多》
《富有爱心的小花鹿》《学习耐性的小灰兔》
《变得勇敢的小毛驴》《喜欢学习的小山羊》
《乐于助人的小刺猬》《学会分享的小松鼠》
天地出版社　　　　　　2016年
山林里的故事《柳条绿了》《荷花开了》《枫叶红了》

《雪花飘了》《客人来了》		
	春风文艺出版社	2016 年
《野葡萄》	中国少年儿童新闻出版总社	2017 年
《幸运的小金鼠》	天天出版社	2017 年
《野葡萄》	海燕出版社	2017 年
《幸运的小金鼠》	希望出版社	2017 年

译成外文版本

《白鹅女》（画册）	外文出版社	1985 年（英、法、德、俄、日语）
《野葡萄》	海豚出版社	1988 年（英、法、德、俄、日语）
《春天在哪里》	海豚出版社	1994 年（英、法语）

欢乐的动物世界《小松鼠》《小花鹿》《小毛驴》《小刺猬》《小灰兔》
《小山羊》《客人来了》

	五洲传播出版社	2013 年（阿拉伯语）
《野葡萄》	连环画出版社	2016 年（法语）

主要主编图书

《童话寓言选（1949—1979）》	人民文学出版社	1979 年
《低幼童话佳作选》	海燕出版社	1988 年
《音乐里飞出的小童话》	北京师范大学出版社	1989 年
《中国童话名作》（连环画）3 册	北京师范大学出版社	1989 年
《红宝石丛书———中国儿童文学选粹》3 册	北京师范大学出版社	1990 年
《红宝石丛书———外国儿童文学选粹》3 册	北京师范大学出版社	1990 年
《外国低幼童话佳作选》	海燕出版社	1990 年
《中国童话佳作选》	湖北少年儿童出版社	1992 年
《小小科学家丛书》	河北教育出版社	1992 年
《绿宝石丛书———奇妙的世界》（6 册）	北京师范大学出版社	1992 年
《中国创作童话》（1—30 册）	光复书局（台湾）	1993 年

《小科学家丛书》（9册）	河北教育出版社	1995年
《中国名家新童话》（10册）	接力出版社	1998年
《长篇童话新作精品丛书》（8册）		
	福建少年儿童出版社	2000年

获奖记录

《野葡萄》1980年获第二次全国少年儿童文艺创作评奖一等奖，拍成的电视片1986年在慕尼黑电视节获青少年节目二等奖。曾译成英、法、德、俄、日、泰六种文字在国外发行。

《翻跟头的小木偶》获中国作家协会首届全国优秀儿童文学奖。

《野天鹅》1980年获文化部优秀剧目奖，并在丹麦著名报纸的头版头条发表过剧照及文字介绍。

《金翅膀》1980年获儿童文学优秀作品奖。

《花孩子》1983年获《北京日报》一等奖。

《小猫咪找妈妈》1984年新中国成立三十五周年北京文艺创作评奖中获奖。

《春天在哪里》1985年获中央人民广播电台、中国儿童少年活动中心举办的全国低幼儿童文学评奖一等奖。

《最丑的美男儿》获新闻出版总署第二次全国优秀儿童读物奖。

《会唱歌的画像》获第三届全国优秀儿童文学奖。

《魂系何处》获新中国成立四十五周年北京市文艺创作一等奖。

山林童话《核桃山》《栗子谷》《红枣林》2005年被教育部评为全国优秀幼儿读物。

《无名》北京市文联、《北京日报》联合评奖获一等奖。

《核桃山》2007年获第七届全国优秀儿童文学奖，2010年获中国童书金奖最美少儿图书奖。

图书在版编目(CIP)数据

小路通远方：葛翠琳人生历程剪影/葛翠琳著.—杭州：浙江少年儿童出版社，2018.9
ISBN 978-7-5597-0862-5

Ⅰ.①小… Ⅱ.①葛… Ⅲ.①葛翠琳-自传-图集
Ⅳ.①K825.6-64

中国版本图书馆CIP数据核字（2018）第177897号

小路通远方——葛翠琳人生历程剪影
XIAOLU TONG YUANFANG
GECUILIN RENSHENG LICHENG JIANYING
葛翠琳/著

责任编辑　徐　洁
封面绘图　罗雪村
装帧设计　艺诚文化
责任校对　施　威
责任印制　孙　诚

浙江少年儿童出版社出版发行
地址：杭州市天目山路40号
杭州富春印务有限公司印刷
全国各地新华书店经销
开本 710mm×1000mm　1/16
印张 26.25
字数 343000
印数 1—1000
2018年9月第1版
2018年9月第1次印刷
ISBN 978-7-5597-0862-5
定价：126.00元
（如有印装质量问题，影响阅读，请与承印厂联系调换）
　承印厂联系电话：0571-64362059